社区书系

社区工作者常用知识
百问百答系列图书

U0599630

社区
政策法规 知识
百问百答

陈 慧 主编

SHEQU ZHENGCE
FAGUI ZHISHI
BAIWENBAIDA

华龄出版社
HUALING PRESS

图书在版编目(CIP)数据

社区政策法规知识百问百答 / 陈慧主编. -- 北京：
华龄出版社，2021.12
　ISBN 978-7-5169-2141-8

　Ⅰ. ①社…　Ⅱ. ①陈…　Ⅲ. ①社区管理-法律-中国
-问题解答　Ⅳ. ①D922.182.05

　中国版本图书馆 CIP 数据核字(2021)第 271774 号

策　　划	社区部　善爱社工	责任印制	李末圻
责任编辑	薛治　彭博	装帧设计	唐韵设计

书　　名	社区政策法规知识百问百答	作　者	陈慧
出　　版	华龄出版社 HUALING PRESS		
发　　行			
社　　址	北京市东城区安定门外大街甲 57 号	邮　编	100011
发　　行	(010)58122255	传　真	(010)84049572
承　　印	三河市腾飞印务有限公司		
版　　次	2022 年 3 月第 1 版	印　次	2022 年 3 月第 1 次印刷
规　　格	710mm×1000mm	开　本	1/16
印　　张	12	字　数	130 千字
书　　号	ISBN 978-7-5169-2141-8		
定　　价	48.00 元		

为社会基层治理服务，打造社区所需的精品图书
——华龄出版社"社区书系"倾情奉献

"社区书系"是为适应新时代基层社会治理需要，深入贯彻党的十九届四中全会、五中全会关于"构建基层社会治理新格局""社会治理特别是基层治理水平明显提高"的重要部署，落实习近平总书记关于"建立一支素质优良的专业化社区工作者队伍"的指示要求而策划编写的，旨在为社区工作人员提供系统的社区工作理论和方法指导，提高社区工作者的理论素养和工作能力，推进社区治理体系与治理能力现代化。

"社区书系"是一个融图书、视频、服务为一体的新型复合出版工程，内容体系包括三个方面：

纸质图书　通过纸质图书阅读，为社区工作者提供系统的理论和方法指导。

线上课程　通过视频课程、网络直播课程，深化重点知识，解读难点知识。

专家服务　通过线下培训、现场诊断等，解决社区工作中存在的问题症结。

华龄出版社是中国老龄协会主管主办的中央部委出版社，为出版"社区书系"专门成立了"社区部"，全面统筹谋划出版。"社区书系"计划出版图书 200 种，覆盖社区工作各个方面，现面向全国诚邀熟悉社区工作的专家、学者加盟"社区书系"出版计划，一起为中国社区的发展繁荣出一份力！

社区视频培训讲座

　　社区是城市建设的重要组成部分,也是广大居民群众生活的地方。2020年,习近平总书记在吉林考察时强调,推进国家治理体系和治理能力现代化,社区治理只能加强、不能削弱。社区工作人员在社区治理中直面人民群众,需要时刻联系广大社区居民,协助党和政府做好社区的各种管理与服务。可以说,社区工作人员素质的高低,将决定我国未来社会治理水平的高低。

　　由于社区工作涉及领域十分广泛,工作任务繁杂琐碎,社区工作者需要了解和掌握很多领域的知识,熟悉一系列最新的政策、法规,掌握一系列行之有效的工作流程、方法,才能够胜任新时代的社区工作。当前,相关领域知识的欠缺、工作能力的不足是很多社区工作者存在的主要问题,缺少高素质的社区工作人员队伍是社区治理现代化面临的重要问题。正是基于这样的分析判断,华龄出版社为了助力建设美好社区,解决当前和今后一个时期社区工作者的迫切需求,提高社区工作者的知识素养和工作能力,推进社区治理能力和治理水平现代化,特别成立了"社区部",推出了"社区书系"中的一个分系:社区工作者常用知识百问百答系列图书。

　　该系列图书选取了社区工作非常重要的十个领域——平安建设、政策法律宣传、未成年人教育保护、社会救助、突发事件处理、邻里关系处理、社区养老、婚姻家庭、居民防骗、公益慈善,从每个领域中精选出100多个常见的问题,以问答的形式呈现出来,并进行科学的分类,便于社区工作者学习参考,学有所用,工作起来更加得心应手。

"社区工作者常用知识百问百答系列图书"有以下几个特点:

1.内容丰富,知识全面

内容涉及平安建设、政策法律宣传、未成年人教育保护、社会救助、突发事件处理等十大社区工作的重要领域,涵盖了这些领域的一般常识和重要知识。这些知识都是社区工作者需要了解和掌握的。

2.体例新颖,分类科学

将重要的知识点以问答形式呈现出来,并按照细分工作领域和知识类型将这些问题进行了细致的分类,帮助读者梳理和建构知识架构;还设置有"知识链接"环节,进一步拓宽知识面,帮助读者加深了解和掌握。

3.专家团队,倾力打造

本系列图书由著名社会学家陈慧教授领衔主编,众多社会学专家、学者、资深图书编辑组成了庞大的编写团队,确保图书内容权威、理念先进、思想前卫,切中了当前社区工作中的问题和广大社区工作者的迫切需求。

4.通俗易懂,实用性强

图书语言通俗易懂,内容深入浅出,学习阅读毫无压力。书中引用了大量最新的政策、法规,不光有知识理论,还有丰富的案例和工作方法指导,具有很强的实用性,对新时代社区工作具有很强的指导作用。

本系列图书融知识性、可读性和实用性于一体,是一套便于社区工作者进行知识查阅、指导社区工作者做好社区工作的必备工具书,有助于提高社区工作者的知识素养和能力水平。由于时间和能力有限,书中难免存在不足之处,敬请广大读者批评指正。

编 者

目 录

第五章　信访工作 ……………………………………… 66

第六章　突发事件应对 …………………………………… 78

第一章 城市社区居民自治

1. 居民委员会的性质、特点有哪些？

有关我国城市居民委员会的性质，《中华人民共和国宪法》和《中华人民共和国城市居民委员会组织法》（以下简称《居民委员会组织法》）都有明确规定。概括而言，居民委员会是城市居民自我管理、自我教育、自我服务的基层群众性组织，它具有以下特征：

（1）群众性

居民委员会既不是一级政权组织，也不是基层政府的派出机构，而是一种群众性组织。居住在某一地区的居民，不分民族、种族、性别、职业、家庭出身、宗教信仰、教育程度、财产状况、居住期限，都有责任和义务参加居民委员会组织。

（2）自治性

这是居民委员会组织的本质特征之一。主要是指在国家法律法规和政策规定的范围内，在基层党组织的领导和基层政府及其派出机关的指导下，拥有一定的自主权和自觉权，实行居民自我管理、自我教育、自我服务、自我监督。

（3）地域性

居民委员会是地域性的群众组织，是根据居民居住状况、人口多少，按照便于群众自治的原则设立的。同一居民委员会组织的各住户之间一般都具有邻里街坊关系。

知识链接

居民委员会为中国大陆地区城市街道、行政建制镇的分区即"社区"的居民组织,即城镇居民的自治组织,工作服务的对象为城市、镇非农业居民为主。

2. 如何设置居民委员会组织?

《居民委员会组织法》对居民委员会设置的明确规定:居民委员会的设立、撤销、规模调整,由不同的市、市辖区的人民政府决定。《关于加强和改进城市社区居民委员会建设工作的意见》(中办发〔2010〕27号)(以下简称《中办发〔2010〕27号文件》)和《关于加强和完善城乡社区治理的意见》(中发〔2017〕13号)(以下简称《〔中发2017〕13号文件》)均进一步要求加快社区居民委员会组织全覆盖,并明确提出,社区居民委员会的设置要充分考虑公共服务资源配置和人口规模、管理幅度等因素,按照便于管理、便于服务、便于居民自治的原则确定管辖范围;要加快工矿企业所在地、国有农(林)场、城市新建住宅区、流动人口居住地的社区居民委员会组建工作;新建住宅居民入住率达到50%的,应及时成立社区居民委员会,在此之前成立居民小组或由相邻的社区居民委员会代管,实现对社区居民的全员管理和无缝隙管理。

知识链接

《中办发〔2010〕27号文件》指出,为更好完成社区管理和服务任务,辖区人口较多、社区管理和服务任务较重的社区居民委员会,根据工作需要可建立社区服务站等专业服务机构。按照专干不单干、分工不分家的原则,社区专业服务机构在社区党组织和社区居民委员会统一领导和管理下开展工作,以形成工作合力。社区居民委员会有足够能力承担应尽职责的社区,可以不另设专业服务机构。

3. 居民委员会的工作人员有哪些?

关于居民委员会的工作队伍,《居民委员会组织法》以及《中办发〔2010〕27 号文件》《〔中发 2017〕13 号文件》要求,居民委员会由主任、副主任和委员共五至九人组成。在多民族居住地区,居民委员会中应当有人数较少的民族的成员。辖区人口较多、社区管理和服务任务较重的社区居民委员会可适当增加若干社区专职工作人员;社区专职工作人员由基层政府职能部门根据工作需要设岗招聘,街道办事处(乡镇政府)统一管理,社区组织统筹使用。社区居民委员会下属的委员会和居民小组的负责人可以由社区居民推选产生,也可以由社区居民委员会成员或社区专职工作人员经过民主程序兼任。

知识链接

政府积极倡导多方人才进入社区居委会,鼓励各界人才补充社区居委会工作力量,即"四鼓励"政策:鼓励社区民警、群团组织负责人通过民主选举程序担任社区居民委员会成员,鼓励党政机关和企事业单位优秀年轻干部到社区居民委员会帮助工作或建立经常性联系制度,鼓励高校毕业生、复转军人等社会优秀人才到社区担任专职工作人员,鼓励党政机关、企事业单位在职或退休党员干部、社会知名人士以及社区专职工作人员参与社区居民委员会选举,经过民主选举担任社区居民委员会成员。

4. 居民委员会的主要职能有哪些?

关于居民委员会的主要职能,《宪法》《居民委员会组织法》以及中央文件都有一系列规定和要求。简而言之,主要包括以下三个方面的内容:

(1)依法组织居民开展自治活动

社区居民委员会是社区居民自治的组织者、推动者和实践者,要宣传宪法、法律、法规和国家的政策,维护居民的合法权益,教育居民遵守社会公德和居民公约、依法履行应尽义务,开展多种形式的社会主义精神文明建设活动;召集社区居民会议,办理本社区居民的公共事务和公益事业;开展便民利民的社区服务活动,兴办有关服务事业,推动社区互助服务和志愿服务活动;组织居民积极参与社会治安综合治理、开展群防群治;调解民间纠纷,及时化解社区居民群众间的矛盾,促进家庭和睦、邻里和谐;管理本社区居民委员会的财产,推行居务公开;及时向人民政府或它的派出机关反映社区居民群众的意见、要求和提出建议。

(2)依法协助城市基层人民政府或其派出机关开展工作

社区居民委员会是党和政府连接社区居民群众的桥梁和纽带,要协助城市基层人民政府或其派出机关做好与居民利益有关的社会治安、社区矫正、公共卫生、计划生育、优抚救济、社区教育、劳动就业、社会保障、社会救助、住房保障、文化体育、消费维权以及老年人、残疾人、未成年人、流动人口权益保障等工作,推动政府社会管理和公共服务覆盖到全社区。

(3)依法依规组织开展有关监督活动

社区居民委员会是社区利益的重要维护者,要组织居民有序参与涉及切身利益的公共政策听证活动,组织居民群众参与对城市基层人民政府或者它的派出机关及其工作人员的工作、驻社区单位参与社区建设的情况进行民主评议,对供水、供电、供气、环境卫生、园林绿化等市政服务单位在社区的服务情况进行监督,并指导和监督社区内社会组织、业主委员会、业主大会、物业服务企业开展工作,维护社区居民的合法权益。

知识链接

为了减轻居民委员会协助政府工作的负担,《居民委员会组织法》规定:市、市辖区的人民政府有关部门,需要居民委员会或者它的下属委员会协助进行的工作,应当经市、市辖区的人民政府或它的派出机关同意并统一安排。普遍推行社区公共服务事项准入制度,凡属于基层人民政府及其职能部门、街道办事处职责范围内的事项,不得转嫁给社区居民委员会;凡依法应由社区居民委员会协助的事项,应当为社区居民委员会提供必要的经费和工作条件;凡委托给社区居民委员会办理的有关服务事项,应当实行"权随责走、费随事转"。

5.居民委员会选举有哪些规定?

《宪法》第一百一十一条明确规定,居民委员会的主任、副主任和委员由居民选举产生。《居民委员会组织法》作出了民主选举产生居民委员会主任、副主任和委员的若干规定。其中主要包括：

(1)居民委员会每届任期五年,其成员可以连选连任。

(2)年满十八周岁的本居住地区居民,不分民族、种族、性别、职业、家庭出身、宗教信仰、教育程度、财产状况、居住期限,都有选举权和被选举权,但是依照法律被剥夺政治权利的人除外。

(3)选举产生居民委员会成员的具体方式,既可以由本居住地区全体有选举权的居民选举产生,也就是通常所说的"直接选举",也可以由每户派代表选举产生,还可以根据居民意见由每个居民小组选举代表二至三人选举产生。

不管是哪种选举方式都属于民主选举,但从间接选举逐步向直接选举过渡是居民委员会的发展趋势,应稳步扩大社区居民委员会直接选举覆盖面。

知识链接

我国社区选举的一般流程如下:①召开会议,分工协作;②广泛宣传,动员引导;③推选代表;④选民登记;⑤公布名单,发放选民证;⑥公布候选人;⑦确定候选人;⑧候选人自我介绍,展开竞选;⑨投票选举;⑩封存选票,公布结果。

6. 加强社区民主协商的主要任务有哪些?

社区协商是基层群众自治的生动实践,是社会主义协商民主建设的重要组成部分和有效实现形式。为了推动新时代的社区协商工作,中共中央办公厅、国务院办公厅于 2015 年印发《关于加强城乡社区协商的意

见》(中办发〔2015〕41号),明确提出了以下要求:

(1)明确协商内容

根据当地经济社会发展实际,坚持广泛协商,针对不同渠道、不同层次、不同地域特点,合理确定协商内容,主要包括:城乡经济社会发展中涉及当地居民切身利益的公共事务、公益事业;当地居民反映强烈、迫切要求解决的实际困难问题和矛盾纠纷;党和政府的方针、政策、重点工作部署在城乡社区的落实;法律法规和政策明确要求协商的事项;各类协商主体提出协商需求的事项。

(2)确定协商主体

基层政府及其派出机关、村(社区)党组织、村(居)民委员会、村(居)务监督委员会、村(居)民小组、驻村(社区)单位、社区社会组织、业主委员会、农村集体经济组织、农民合作组织、物业服务企业和当地户籍居民、非户籍居民代表以及其他利益相关方可以作为协商主体。涉及行政村、社区公共事务和居民切身利益的事项,由村(社区)党组织、村(居)民委员会牵头,组织利益相关方进行协商。专业性、技术性较强的事项,可邀请相关专家学者、专业技术人员、第三方机构等进行论证评估。协商中应当重视吸纳威望高、办事公道的老党员、老干部、群众代表,党代表、人大代表、政协委员,以及基层群团组织负责人、社会工作者参与。

(3)拓展协商形式

坚持村(居)民会议、村(居)民代表会议制度,规范议事规程。结合参与主体情况和具体协商事项,可以采取村(居)民议事会、村(居)民理事会、小区协商、业主协商、村(居)民决策听证、民主评议等形式,以民情恳谈日、社区警务室开放日、村民论坛、妇女之家等为平台,开展灵活多样的协商活动。推进城乡社区信息化建设,开辟社情民意网络征集渠道,为城乡居民搭建网络协商平台。

（4）规范协商程序

协商的一般程序是：村（社区）党组织、村（居）民委员会在充分征求意见的基础上研究提出协商议题，确定参与协商的各类主体；通过多种方式，向参与协商的各类主体提前通报协商内容和相关信息；组织开展协商，确保各类主体充分表达意见建议，形成协商意见；组织实施协商成果，向协商主体、利益相关方和居民反馈落实情况等。对于涉及面广、关注度高的事项，要经过专题议事会、民主听证会等程序进行协商。通过协商无法解决或存在较大争议的问题或事项，应当提交村（居）民会议或村（居）民代表会议决定。跨村（社区）协商的协商程序，由乡镇、街道党委（党工委）研究确定。

（5）运用协商成果

建立协商成果采纳、落实和反馈机制。需要村（社区）落实的事项，村（社区）党组织、村（居）民委员会应当及时组织实施，落实情况要在规定期限内通过村（居）务公开栏、社区刊物、村（社区）网络论坛等渠道公开，接受群众监督。

知识链接

需要注意的是，受政府或有关部门委托的协商事项，协商结果要及时向基层政府或有关部门报告，基层政府和有关部门要认真研究吸纳，并以适当方式反馈。对协商过程中持不同意见的群众，协商组织者要及时做好解释说明工作。协商结果违反法律法规的，基层政府应当依法纠正，并做好法治宣传教育工作。

7. 在居民自治实践中，如何实现民主决策、民主管理、民主监督？

在居民自治的实践中，民主决策、民主管理、民主监督的内容和形式是多种多样的。其中，居民会议是其重要载体。《居民委员会组织法》和《中办发〔2010〕27 号文件》对召开居民会议主要有以下规定：

（1）居民会议由居民委员会召集和主持，居民委员会向居民会议负责并报告工作。

（2）居民会议由十八周岁以上的居民组成。既可以由全体十八周岁以上的居民参加，也可以由每户派代表参加，还可以由每个居民小组选举代表二至三人参加。注意，不管是哪种形式，居民会议必须由全体 18 周岁以上的居民、户的代表或居民小组选举的代表的过半数出席，才能举行。会议的决定，由出席人的过半数通过。

（3）有五分之一以上的十八周岁以上的公民、五分之一以上的户或三分之一以上的居民小组提议，应当召集居民会议。

（4）规定了居民会议行使一系列职能。如涉及全体居民利益的重要问题，居民委员会必须提请居民会议讨论决定；居民会议有权撤换和补选居民委员会成员；居民会议讨论制定居民公约，其内容不得与宪法、法律、法规和国家政策相抵触，并报不设区的市、市辖区的人民政府或它的派出机关备案，由居民委员会监督执行。

知识链接

经居民会议讨论决定，居民委员会办理本居住地区公益事业所需的费用，可以根据自愿原则向居民筹集，也可以向本居住地区的受益单位筹集，但必须经受益单位同意，收支账目应当及时公布，接受居民监督。

8. 居委会如何维持和基层政权的关系？

《居委会组织法》规定，不设区的市、市辖区的人民政府或者它的派出机关对居委会的工作给予指导、支持和帮助。居民委员会协助不设区的市、市辖区的人民政府或者它的派出机关开展工作。《居民委员会组织法》和《中办发〔2010〕27 号文件》提出了若干要求：居委会的工作经费和来源，居民委员会成员的生活补贴费的范围、标准和来源，由不设区的市、市辖区的人民政府或上级人民政府规定并拨付。

知识链接

《中办发〔2010〕27 号文件》规定，要将社区居民委员会的工作经费、人员报酬以及社区信息化建设等经费纳入财政预算。社区居民委员会成员、社区专职工作人员报酬由县级以上地方人民政府统筹解决，其标准原则上不低于上年度当地社会平均工资水平。另外，市、市辖区的人民政府的有关部门，可以对居民委员会有关的下属委员会进行业务指导。

9. 居委会如何推动社区党组织发展？

社区党组织与社区居委会的关系是领导与被领导的关系。社区党组织的领导主要是政治、思想上的领导以及方针、政策上的领导。党的领导与居民自治都是为了充分保障居民群众的民主权利，调动广大居民的积极性，依靠居民群众办理有益于居民群众的事情，促进城市社会主义民主建设和两个文明建设。要达到这个目的,社区居委会就必须在实际工作中自觉服从党的政治领导,把接受党的领导和发展自治有机地结合起来,将自己的工作计划和重要活动及时向社区党组织汇报,让社区党组织了解各阶段的工作计划和要求,充分尊重社区党组织对居委会工作的领导核心作用。在各项自治活动中要充分依靠社区党组织的宣传教育工作和思想政治工作的威力,充分尊重社区党组织的政治核心作用,不断提高居民的觉悟,推动自己的工作。

知识链接

此外,社区党组织要保证和监督党的路线、方针、政策在社区居委会得到贯彻执行;同样要保证宪法、法律,包括《中华人民共和国城市居民委员会组织法》,在社区居委会得到贯彻执行。对社区居委会的重大问题要组织讨论,作出决定。要教育党员积极支持并参加居民群众的自治活动,保证各项任务的完成。这样才能实现社区党组织对社区居委会的政治领导。

10. 居委会如何维持与社区业主组织、物业服务企业的关系?

居民委员会指导、支持、监督社区业主组织和物业服务企业的工作。业主大会、业主委员会应当接受居民委员会的指导和监督。召开业主大会、业主委员会会议应当告知所在社区居民委员会,并听取其意见。业主大会、业主委员会作出的决定,应当告知相关的居民委员会,并认真听取居民委员会的建议。

社会居民委员会要积极支持物业服务企业开展多种形式的社区服务,物业服务企业也要主动接受社区居民委员会的指导和监督。在实施《业主公约》与住宅小区管理制度方面尤其需要居委会的大力支持与帮助。社区居委会应当结合社区建设,加强对物业管理工作的指导,推动物业管理工作健康发展。

知 识 链 接

业主大会、业主委员会应积极配合相关居民委员会依法履行自治管理职责,支持居民委员会开展工作,与居民委员会相互协作,共同做好维护物业管理区域内的社会治安等相关工作。物业服务企业也应积极履行自身职责,协助居民委员会,一起共建和谐平安、整洁卫生的社区环境。

11. 居委会如何发展与社区社会组织的关系?

社区社会组织是指由社区组织或个人在社区(镇、街道)范围内单独或联合举办的、在社区范围内开展活动的、满足社区居民不同需求的民间自发组织。社区社会组织作为社区的重要组成部分,对于促进社区发展建设具有重要推动作用。

居民委员会要支持社区社会组织和社区志愿者参与社区管理和服务。要积极培育社区服务性、公益性、互助性社会组织,对不具备登记条件的社区服务性、公益性、互助性社会组织,要主动帮助办理备案手续,并在组织运作、活动场地等方面为其提供帮助。

知识链接

社区社会组织扎根于社区,由社区居民自发成立,是在城乡社区开展为民服务、文体娱乐、邻里互助、公益慈善等活动的社会组织。培育发展社区社会组织,有利于激发基层活力,促进居民有序参与社区事务;有利于引导多方参与社区服务,满足群众多样化需求;有利于加强社区矛盾预防化解,助力和谐社区建设。

12. 居委会如何维持与驻社区单位的关系?

《居委会组织法》规定,驻在社区范围内的机关、团体、部队、企事业组织,不能参加所在地的居民委员会的具体工作,但应当支持所在地社区居委会的工作。所在地的居民委员会讨论与这些单位有关的问题,需要他们参加会议时,他们应当派代表参加,并且遵守居委会的有关决定和居民公约。

知识链接

《中办发〔2010〕27号文件》要求强化驻社区单位的社区建设责任。建立社区党组织、社区居民委员会、驻社区单位联席会议制度,建立健全社区居民委员会与驻社区单位协商议事制度,定期研究资源共享、社区共建事项。积极推动驻社区单位将文化、教育等活动设施向居民开放。推动驻社区单位将服务性、公益性、社会性事业逐步向社区开放,为社区居民委员会提供人力、物力、财力支持。

第二章　农村村民自治

13.村委会的性质和组织构成有哪些?

村民委员会是村民自我管理、自我教育、自我服务的基层群众性自治组织。它主要包括以下三个方面的特征:

(1)基层性

村民委员会是在乡、民族乡、镇以下设立的,是一个村的居民在居住区的范围内按照便于自治的原则设立。

(2)群众性

村民委员会的主体是本村村民,凡居住在本村的村民经过选举都有权参加村民委员会。

(3)自治性

在本村范围内村民委员会实行村民自我管理、自我教育、自我服务,共同管理本村事务。

关于村民委员会的组织构成,《村民委员会组织法》等法规和政策对其作出了以下若干规定或要求:

(1)村民委员会根据村民居住状况、人口多少,按照便于群众自治,有利于经济发展和社会管理的原则设立。其设立、撤销、范围调整,由乡、民族乡、镇的人民政府提出,经村民会议讨论同意,报县级人民政府批准。

（2）村民委员会可以根据村民居住状况、集体土地所有权关系等分设若干村民小组。

（3）村民委员会根据需要设人民调解、治安保卫、公共卫生与计划生育等委员会。村民委员会成员可以兼任下属委员会的成员。人口少的村的村民委员会可以不设下属委员会，由村民委员会成员分工负责人民调解、治安保卫、公共卫生与计划生育等工作。

（4）村民委员会由主任、副主任和委员共三至七人组成。同时要求，村民委员会成员中，应当有妇女成员，多民族村民居住的村应当有人数较少的民族的成员。

知识链接

除了上述规定外，还应当建立村务监督委员会或其他形式的村务监督机构，负责民主理财、监督村务公开等制度的落实。其成员由村民会议或村民代表会议在村民中选举产生，其中应有具备财会、管理知识的人员。村民委员会成员及其近亲属不得担任村务监督机构成员。村务监督机构成员向村民会议和村民代表会议负责，可以列席村民委员会会议。

14. 村委会的主要职能有哪些?

依据《村民委员会组织法》的相关规定，村民委员会的主要职能包括以下方面：

（1）宣传贯彻宪法、法律、法规和国家的政策，维护村民合法权益，教育和推动村民履行法律、法规规定的义务，发展文化教育，普及科技知识,促进村和村之间的团结、互助,开展多种形式的社会主义精神文明建设活动。

(2)依照法律规定,管理本村属于村农民集体所有的土地和其他财产,教育村民合理利用自然资源,保护和改善生态环境。

(3)支持和组织村民依法发展各种形式的合作经济和其他经济,承担本村生产的服务和协调工作,促进农村生产和社会主义市场经济的发展。

(4)尊重村集体经济组织依法独立进行经济活动的自主权,维护以家庭承包经营为基础,统分结合的双层经营体制,保障集体经济组织和村民、承包经营户、联户或者合伙的合法的财产权和其他合法的权利和利益。

(5)举办和管理本村的公共事务和公益事业等。

知识链接

除了上述规定外,村委会还有如下职能:组织实施本村的建设规划,兴修水利、道路等基础设施,指导村民建设住宅;依法调解民间纠纷,协助维护本村的社会治安,向人民政府反映村民的意见、要求。同时协助乡、民族乡、镇的人民政府开展工作。

15.关于村民选举委员会的规定有哪些?

村民委员会主任、副主任和委员,由村民直接选举产生。任何组织或者个人不得指定、委派或者撤换村民委员会成员。村民委员会每届任期五年,届满应当及时举行换届选举。村民委员会成员可以连选连任。

村民委员会的选举,由村民选举委员会主持。村民选举委员会由主任和委员组成,由村民会议、村民代表会议或者各村民小组会议推选产生,并实行少数服从多数的议事原则。村民选举委员会的人数应当根据村民居住状况、参加选举村民的多少决定,不少于三人,以奇数为宜。村民之间有近亲属关系的,不宜同时担任村民选举委员会成员。

村民委员会应当及时公布选举委员会主任和委员名单,并报乡级人民政府或者乡级村民委员会选举工作指导机构备案。村民选举委员会的任期,自推选组成之日起,至新老村民委员会工作移交后终止。村民选举委员会成员被提名为村民委员会成员候选人,应当退出村民选举委员会。

知识链接

村民选举委员会成员退出村民选举委员会或者因其他原因出缺的,按照原推选结果依次递补,也可以另行推选。村民选举委员会成员不履行职责,致使选举工作无法正常进行的,经村民会议、村民代表会议或者村民小组会议讨论同意,其职务终止。村民选举委员会成员的变动,应当及时公布,并报乡级人民政府或者乡级村民委员会选举工作指导机构备案。

16. 村委会选举中,关于选民登记的相关规定有哪些?

《村民委员会组织法》明确规定,年满十八周岁的村民,不分民族、种族、性别、职业、家庭出身、宗教信仰、教育程度、财产状况、居住期限,都有选举权和被选举权;但是,依照法律被剥夺政治权利的人除外。

村民委员会选举前,应当对下列人员进行登记,列入参加选举的村民名单:

(1)户籍在本村并且在本村居住的村民。

(2)户籍在本村,不在本村居住,本人表示参加选举的村民。

(3)户籍不在本村,在本村居住一年以上,本人申请参加选举,并且经村民会议或者村民代表会议同意参加选举的公民。

已在户籍所在村或者居住村登记参加选举的村民,不得再参加其他地方村民委员会的选举。登记参加选举的村民,既可以村民小组为单位设立登记站,村民到站登记,也可以由登记员入户登记。登记参加选举的村民名单应当在选举日的二十日前由村民选举委员会公布。对登记参加选举的村民名单有异议的,应当自名单公布之日起五日内向村民选举委员会申诉,村民选举委员会应当自收到申诉之日起三日内作出处理决定,并公布处理结果。

知识链接

选举村民委员会,由登记参加选举的村民直接提名候选人。村民提名候选人,应当从全体村民利益出发,推荐奉公守法、品行良好、公道正派、热心公益、具有一定文化水平和工作能力的村民为候选人。候选人的名额应当多于应选名额。村民选举委员会应当组织候选人与村民见面,由候选人介绍履行职责的设想,回答村民提出的问题。

17. 提名确定候选人的流程有哪些?

(1)确定职位和职数

村民会议或村民代表会议拟定村民委员会的职位和职数,村民选举委员会应当及时公布,并报乡级人民政府或者乡级村民委员会选举工作指导机构备案。

(2)确定候选人人数

村民选举委员会应当根据村民委员会主任、副主任、委员的职数,分别拟定候选人名额。候选人名额应当多于应选名额。

(3)提名确定候选人

村民委员会成员候选人,应当由登记参加选举的村民直接提名,根据拟定的候选人名额,按照得票多少确定。每一村民提名人数不得超过拟定的候选人名额。无行为能力或者被判处刑罚的,不得提名为候选人。候选人中应当有适当的妇女名额,没有产生妇女候选人的,以得票最多的妇女为候选人。

(4)公布候选人名单

村民选举委员会应当以得票多少为序,公布候选人名单,并报乡级村民委员会选举工作指导机构备案。候选人不愿意接受提名的,应当及时向村民选举委员会书面提出,由村民选举委员会确认并公布。

知识链接

候选人名额不足时,按原得票多少依次递补。另外,村民委员会选举,也可以采取无候选人的方式,一次投票产生。

18. 关于选举竞争及投票选举的规定有哪些?

(1)选举竞争

村民选举委员会应当组织候选人与村民见面,由候选人介绍履职设想,回答村民提问。选举竞争应当在村民选举委员会的主持和监督下,公开、公平、公正地进行。村民选举委员会应当对候选人的选举竞争材料进行审核把关。选举竞争活动一般在选举日前进行。候选人在选举日可进行竞职陈述,其他选举竞争活动不宜在当日开展。确有需要的,由村民选举委员会决定并统一组织。

(2)投票选举

村民委员会选举实行无记名投票、公开计票的方法,选举结果应当当场公布。选举时,设立秘密写票处。可采取以下两种方式投票选举村民委员会成员:

①召开选举大会。采取选举大会方式的,可以组织全体登记参加选举的村民集中统一投票;也可以设立中心选举会场,辅之以分会场分别投票。选举大会可以设置流动票箱,但应当严格控制流动票箱的使用。

②设立投票站。采取投票站方式的,不再召开选举大会,村民在投票站选举日开始时间内自由投票。

另外,登记参加选举的村民,选举期间外出不能参加投票的,可以书面委托本村有选举权的近亲属代为投票。每一登记参加选举的村民接受委托投票不得超过三人。提名为村民委员会候选人的,不得接受委托。委托投票应当办理书面委托手续。村民选举委员会应当公布委托人和受委托人的名单。受委托人在选举日凭书面委托凭证和委托人的参选证,领取选票并参加投票。委托人不得再委托他人。

知识链接

　　村民选举委员会可以组织以下形式的选举竞争活动:在指定地点公布候选人的选举竞争材料;组织候选人与村民见面并回答村民问题;有闭路电视的村,可以组织候选人在电视上陈述。选举竞争材料和选举竞职陈述主要包括:候选人的基本情况、竞争职位及理由、治村设想、对待当选与落选的态度。

19. 如何确认选举的有效性及当选?

　　(1)选举有效性的确认

　　选举村民委员会,有登记参加选举的村民过半数投票,选举有效。参加投票的村民人数,以从票箱收回的选票数为准。有下列情形之一的,选举无效:村民选举委员会未按照法定程序产生的;候选人的产生不符合法律规定的;参加投票的村民人数未过登记参加选举的村民半数的;违反差额选举原则,采取等额选举的;收回的选票多于发出选票的;没有公开唱票、计票的;没有当场公布选举结果的;其他违反法律、法规有关选举程序规定的。因村民选举委员会未按照法定程序产生而造成选举无效的,乡级村民委员会选举指导机构应当指导组织重新选举。因其他原因认定选举无效的,由村民选举委员会重新组织选举,时间由村民代表会议确定。

　　(2)当选的认定

　　候选人获得参加投票的村民过半数的选票,始得当选。获得过半数选票的人数超过应选名额时,以得票多的当选;如遇票数相等不能确定当选人时,应当就票数相等的人进行再次投票,以得票多的当选。村民委员会主任、副主任的当选人中没有妇女,但委员的候选人中有妇女获得过半数选票的,应当首先确定得票最多的妇女当选委员,其他当选人按照得票多少的顺序确定;如果委员的候选人中没有妇女获得过半数选票的,应当从应选名额中确定一个名额另行选举妇女委员,直到选出为止,其他当选人按照得票多少的顺序确定。

(3)颁发当选证书

县级人民政府主管部门或者乡级人民政府,应当自新一届村民委员会产生之日起十日内向新当选的成员颁发统一印制的当选证书。

知 识 链 接

需要注意的是,选举结果经村民选举委员会确认有效后,须当场宣布,同时应当公布所有候选人和被选人所得票数。以暴力、威胁、欺骗、贿赂、伪造选票、虚报选举票数等不正当手段当选的,当选无效。村民选举委员会应当在投票选举当日或者次日,公布当选的村民委员会成员名单,并报乡级人民政府备案。村民选举委员会无正当理由不公布选举结果的,乡级人民政府或者乡级村民委员会选举工作指导机构应当予以批评教育,督促其改正。

20. 另行选举及选举的后续工作有哪些？

（1）另行选举

村民委员会当选人不足应选名额的，不足的名额另行选举。另行选举可以在选举日当日举行，也可以在选举日后十日内进行，具体时间由村民选举委员会确定。另行选举的，第一次投票未当选的人员得票多的为候选人，候选人以得票多的当选，但得票数不得少于已投选票数的三分之一。另行选举的程序与第一次选举相同。参加选举的村民以第一次登记的名单为准，不重新进行选民登记。原委托关系继续有效，但被委托人成为候选人的委托关系自行终止，原委托人可以重新办理委托手续。

（2）选举后续工作

①村委会工作移交。村民委员会应当自新一届村民委员会产生之日十日内完成工作移交。原村民委员会应当依法依规将印章、办公场所、办公用具、集体财务账目、固定资产、工作档案、债权债务及其他遗留问题等，及时移交给新一届村民委员会。移交工作由村民选举委员会主持，乡级人民政府监督。对拒绝移交或者无故拖延移交的，乡级人民政府应当给予批评教育，督促其改正。

②建立选举工作档案。村民委员会选举工作结束后，应当及时建立选举工作档案，交由新一届村民委员会指定专人保管，至少存三年以上。选举工作档案包括：村民选举委员会成员名单及推选情况材料；村民选举委员会选举会议记录；村民选举委员会发布的选举公告；选民登记册；候选人名单及得票数；选票和委托投票书、选举结果统计、选举报告单；选举大会议程和工作人员名单；新当选的村民委员会成员名单；选举工

作总结;其他有关选举的资料。

经另行选举,应选职位仍未选足,但村民委员会成员已选足三人的,不足职位可以空缺。主任未选出的,由副主任主持工作;主任、副主任都未选出的,由村民代表会议在当选的委员中推选一人主持工作。

21. 村委会成员罢免和补选的情形有哪些?

（1）罢免

本村五分之一以上有选举权的村民或者三分之一以上的村民代表联名,可以提出罢免村民委员会成员的要求,启动罢免程序。罢免程序为:书面向村民委员会提出罢免要求,说明罢免理由;召开村民代表会议,审议罢免要求;被罢免对象进行申辩或者书面提出申辩意见;村民委员会应及时召开村民会议,投票表决罢免要求。罢免村民委员会成员须经有选举权的村民过半数通过。罢免结果应当及时公告并报乡、镇人民政府和县级人民政府民政部门备案。罢免未获通过的,一年内不得以同一事实和理由再次提出罢免要求。投票表决之前,被罢免者提出辞职并被接受的,罢免程序终止。

（2）补选

村民委员会成员出缺,可以由村民会议或者村民代表会议进行补选。村民委员会成员出缺的情形有:职务自行终止;辞职;罢免。村民委员会成员因死亡、丧失行为能力、被判处刑罚或者连续两次民主评议不称职,其职务自行终止。村民委员会成员因故辞职,应当书面提出申请,村民委员会应当在三十日内召开村民代表会议,决定是否接受其辞职。村民委员会成员连续两次提出辞职要求的,应当接受其辞职。村民代表会议可以决定对辞职的村民委员会成员进行离任经济责任审计。

知识链接

补选程序,参照村民委员会选举投票程序。补选村民委员会个别成员的,由村民委员会主持;补选全体村民委员会成员的,由重新推选产生的村民选举委员会主持。补选的村民委员会成员的任期到本届村民委员会任期届满时止。

22.召开村民会议的条件有哪些?

村民(代表)会议是村民自治的基本载体和重要形式,是村民自治的决策机构,村民委员会向村民会议、村民代表会议负责并报告工作。《村民委员会组织法》对召开村民会议作出了以下规定:

(1)村民会议由本村十八周岁以上的村民组成。村民会议由村民委员会召集。有十分之一以上的村民或者三分之一以上的村民代表提议,应当召集村民会议。

(2)召开村民会议,应当有本村十八周岁以上村民的过半数,或者本村三分之二以上的户的代表参加,村民会议所作决定应当经到会人员的过半数通过。

(3)召开村民会议,根据需要可以邀请驻本村的企业、事业单位和群众组织派代表列席。

知识链接

召集村民会议,应当提前十天通知村民。法律对召开村民会议及作出决定另有规定的,依照其规定。

23. 村民会议的职责有哪些?

村民会议的职责主要包括以下方面:

(1)村民会议审议村民委员会的年度工作报告,评议村民委员会成员的工作;有权撤销或者变更村民委员会不适当的决定;有权撤销或者变更村民代表会议不适当的决定。

(2)村民会议可以授权村民代表会议审议村民委员会的年度工作报告,评议村民委员会成员的工作,撤销或者变更村民委员会不适当的决定。

(3)涉及村民利益的下列事项,经村民会议讨论决定方可办理:①本村享受误工补贴的人员及补贴标准;②从村集体经济所得收益的使用;③本村公益事业的兴办和筹资筹劳方案及建设承包方案;④土地承包经营方案;⑤村集体经济项目的立项、承包方案;⑥宅基地的使用方案;⑦征地补偿费的使用、分配方案;⑧以借贷、租赁或者其他方式处分村集体财产;⑨村民会议认为应当由村民会议讨论决定的涉及村民利益的其他事项。村民会议可以授权村民代表会议讨论决定前款规定的事项。

知识链接

法律对讨论决定村集体经济组织财产和成员权益的事项另有规定

的,依照其规定。村民会议可以制定和修改村民自治章程、村规民约,并报乡、民族乡、镇的人民政府备案。

24. 村民会议的其他形式还有哪些?

除了一般的村民会议外,村民会议还包括村民代表会议和村民小组会议两种形式。

(1)村民代表会议

①村民代表会议的组成。村民代表会议的组成人员包括村民委员会成员和村民代表。为了保证村民代表会议组成的民主性,避免村民代表会议中村民代表人数过少,村民代表应当占村民代表会议组成人员的五分之四以上。为了保障妇女权益,鼓励农村妇女参政议政,女性村民代表应当占村民代表会议组成人员的三分之一以上。村民代表由村民按每五至十五户推选一人,或者由各村民小组推选若干人。村民代表应当向其推选户或者村民负责,接受村民监督,其任期与村民委员会的任期相同,亦可连选连任。

②召开村民代表会议的规定。有下列情况之一的,应当召开村民代表会议:村党组织、村民委员会、村集体经济组织提议的。有十分之一以上村民联名提议的。有三分之一以上村民代表联名提议的。村民代表会议议题一般由村党组织、村委会、村集体经济组织提出,也可以由村民或村民代表联名提出,由村党组织统一受理。由村民或村民代表联名提出的议题,需经村党组织审议后列入议题,由党组织召集、召开村党组织和村民委员会联席会议,研究提出具体意见或建议,提交村党员大会或

党员议事会讨论,同时广泛征求村民的意见和建议,由村民委员会召集村民代表会议讨论决定。

(2)村民小组会议

村民小组会议是村民小组的权力机构,是本组村民开展自治活动的重要组织形式。其主要内容包括以下方面:

①召开村民小组会议,应当有本村民小组十八周岁以上的村民三分之二以上,或者本村民小组三分之二以上的户的代表参加,所作决定应当经到会人员的过半数同意。

②村民小组组长由村民小组会议推选,其任期与村民委员会的任期相同,并可连选连任。

③属于村民小组集体所有的土地、企业和其他财产的经营管理以及公益事项的办理,由村民小组会议依照有关法律的规定讨论决定,所做决定及实施情况应当及时向本村民小组的村民公布。

知 识 链 接

村民代表举行会议,村民委员会应在会议前三日,将开会日期和会议议题公告村民代表,并提供有关材料,征求村民代表的意见。

25. 村民委员会如何处理与村级党政组织的关系?

《村民委员会组织法》规定:"中国共产党在农村的基层组织,按照中国共产党章程进行工作,发挥领导核心作用,领导和支持村民委员会行使职权;依照宪法和法律,支持和保障村民开展自治活动、直接行使民主权利。"为了在实践中切实处理好村级党组织与村民委员会的工作关系,中央先后提出了一系列要求。中共中央和国务院分别于 2018 年、2019 年先后颁布《中国共产党农村基层组织工作条例》和《关于加强和改进乡村治理的指导意见》，重点强调了以下几点：

（1）村级党组织的主要职责

①宣传和贯彻执行党的路线方针政策和党中央、上级党组织及本村党员大会的决议。

②讨论和决定本村经济建设、政治建设、文化建设、社会建设、生态文明建设和党的建设以及乡村振兴中的重要问题并及时向乡镇党委报告。需由村民委员会提请村民会议、村民代表会议决定的事情或者集体经济组织决定的重要事项，经村党组织研究讨论后，由村民会议、村民代表会议或者集体经济组织依照法律和有关规定作出决定。

③领导和推进村级民主选举、民主决策、民主管理、民主监督，推进农村基层协商，支持和保障村民依法开展自治活动。领导村民委员会以及村委监督委员会、村集体经济组织、群团组织和其他经济组织、社会组织，加强指导和规范，支持和保证这些组织依照国家法律法规以及各自章程履行职责。

④加强村党组织自身建设，严格组织生活，对党员进行教育、管理、监督和服务。负责对要求入党的积极分子进行教育和培养，做好发展党员工作。维护和执行党的纪律。做好本村招才引智工作等。

⑤组织群众、宣传群众、凝聚群众、服务群众，经常了解群众的批评和意见，维护群众正当权利和利益，加强对群众的教育引导，做好群众思想政治工作。

⑥领导本村的社会治理，做好本村的社会主义精神文明建设、法治宣传教育、社会治安综合治理、生态环保、美丽村庄建设、民生保障、脱贫致富、民族宗教等工作。

（2）村"两委"成员交叉任职，书记主任"一肩挑"

村党组织书记应当通过法定程序担任村民委员会主任和村级集体经济组织、合作经济组织负责人，村"两委"班子成员应当交叉任职。村务监督委员会主任一般由党员担任，可以由非村民委员会成员的村党组织班子成员兼任。村民委员会成员、村民代表中党员应占一定比例。

（3）村级重大事项决策实行"四议两公开"

村党组织提议、村"两委"会议商议、党员大会审议、村民会议或者村民代表会议决议，决议公开、实施结果公开。

（4）抓好村"两委"换届选举工作

坚决防止和查处以贿选等不正当手段影响、控制村"两委"换届选举的行为，严厉打击干扰破坏村"两委"换届选举的黑恶势力、宗族势力。坚决把受过刑事处罚、存在"村霸"和涉黑涉恶、涉邪教等问题的人清理出村干部队伍。

（5）发挥党员在乡村治理中的先锋模范作用

组织党员在议事决策中宣传党的主张，执行党组织决定。组织开展党员联系农户、党员户挂牌、承诺践诺、设岗定责等活动，推动党员在乡村治理中带头示范，带动群众全面参与。密切党员与群众的联系，了解群众思想状况，帮助解决实际困难，加强对贫困人口、低保对象、留守儿童和妇女、老年人和残疾人等人群的关爱服务，引导农民群众自觉听党话、感党恩、跟党走。

知识链接

《中国共产党农村基层组织工作条例》规定，以村为基本单元设置党组织。有正式党员 3 人以上的村，应当成立党支部；不足 3 人的，可以与邻近村联合成立党支部。党员人数超过 50 人的村，或者党员人数虽不足 50 人、确因工作需要的村，可以成立党的总支部。党员人数 100 人以上的村,根据工作需要,经县级地方党委批准,可以成立党的基层委员会,下设若干党支部;村党的委员会受乡镇党委领导。村党的委员会、总支部委员会、支部委员会每届任期5年,由党员大会选举产生。党员人数500人以上的村党的委员会,经乡镇党委批准,可以由党员代表大会选举产生。

26. 村民委员会如何处理与政府组织的关系?

为了推动基层政府组织切实履行好指导、支持和帮助村民委员会的职责,《村民委员会组织法》对此提出了一系列要求:

(1)人民政府对村民委员会协助政府开展工作应当提供必要的条件;人民政府有关部门委托村民委员会开展工作需要经费的,由委托部门承担。

(2)村民委员会办理本村公益事业所需的经费由村民会议通过筹资筹劳解决;经费确有困难的,由地方人民政府给予适当支持。

(3)村民委员会不依照法律、法规的规定履行法定义务的,由乡、民族乡、镇的人民政府责令改正。

知识链接

凡村民自治章程、村规民约以及村民会议或者村民代表会议的决定与宪法、法律、法规和国家的政策相抵触的,或者具有侵犯村民人身权利、民主权利和合法财产权利的内容,由乡、民族乡、镇的人民政府责令指正。基层政府组织不得干预依法属于村民自治范围内的事项。

第三章 城乡社区的建设、治理和服务

27. 城市社区如何推动综合服务设施建设？

建设社区综合性服务设施是社区建设的一项重要任务。对此，《中发〔2017〕13 号文件》以及《中办发〔2010〕27 号文件》等文件都提出了一系列要求。主要包括以下几点：

（1）要将城市社区综合性服务设施包括社区居民委员会工作用房和居民公益性服务设施建设纳入城市规划、土地利用规划和社区发展相关专项计划，并与社区卫生、警务、文化、养老等服务设施统筹规划建设，使每百户居民拥有的社区综合性服务设施面积不低于 30 平方米。其室内活动用房要有必要的活动设施和用品，并有一处面积较大的单体空间，便于居民开展集体活动。室外活动设施要有供居民休闲、健身等活动的场地和必要的设备。地方政府应对建设资金来源、产权归属和使用管理方式等作出明确规定。

（2）新建住宅小区和旧城区连片改造居民区的建设单位必须按照国家有关标准要求，将公共服务设施配套建设纳入建设工程规划设计方案。城市规划行政主管部门要按照规定的配套建设指标对建设工程规划设计方案审查，对不符合规定设置标准和要求的不予批准。工程的设计、施工及验收使用，应广泛征求社区居民及所在地街道办事处的意见。未按规划要求建设社区居民委员会工作用房和居民公益性服务设施的，不能通过验收。验收合格后,建设单位要根据规定将社区居民委员会工作用房和居民公益性服务设施交给所在地街道办事处使用管理。

(3)老城区和已建成居住区没有社区居民委员会工作用房和居民公益性服务设施的或者不能满足需要的,由区(县、市)人民政府负责建设,也可以从其他社区设施中调剂置换,或者以购买、租借等方式解决,所需资金由地方各级人民政府统筹解决。

知识链接

提倡"一室多用",提高使用效益。创新社区综合服务设施运营机制,通过居民群众协商管理、委托社会组织运营等方式,提高社区综合服务设施利用率。落实社区综合服务设施供暖、水电、燃气价格优惠政策。社区居民委员会办公服务设施的供暖、燃气、水电等费用应当按照当地居民使用价格标准收取。

28. 城市社区如何发展信息化建设?

社区信息化建设是社区建设的又一项重要任务,党和政府一直高度重视此项工作。特别是《中发〔2017〕13 号文件》以及民政部、国家发展和改革委员会、工业和信息化部、公安部、财政部《关于推进社区公共服务综合信息平台建设的指导意见》(民发〔2013〕170 号),对目前和今后一段时间推进社区信息化建设提出了明确要求,应该着重把握以下两点:

(1)增强社区信息化应用能力

提高社区信息基础设施和技术装备水平,加强一体化社区信息服务站、社区信息亭、社区信息服务自助终端等公益性信息服务设施建设。

依托"互联网＋政务服务"相关重点工程,加快社区公共服务综合信息平台建设,实现一号申请、一窗受理、一网通办,强化"一门式"服务模式的社区应用。实施"互联网＋社区"行动计划,加快互联网与社区治理和服务体系的深度融合,运用社区论坛、微博、微信、移动客户端等新媒体,引导社区居民密切日常交往、参与公共事务、开展协商活动、组织邻里互助,探索网络化社区治理和服务新模式。

（2）整合社区公共服务信息资源

原则上凡涉及社区居民的公共服务事项,均要逐步纳入社区公共服务综合信息平台集中办理。推动部署在不同层级、不同部门、分散孤立、用途单一的各类社区信息系统向社区公共服务综合信息平台迁移或集成,最大限度精简基层业务应用系统、服务终端和管理台账。在保证数据交换共享安全性的前提下,促进社区公共服务综合信息平台与现有部门业务应用系统实现互联互通。实现"数据一次采集,资源多方共享"。

知识链接

此外,社会还可积极发展社区电子商务,尝试线上模式。同时按照分级分类推进新型智慧城市建设要求,务实推进智慧社区信息系统建设,积极开发智慧社区移动客户端,实现服务项目、资源和信息的多平台交互和多终端同步。

29. 城乡社区如何健全完善治理体系？

（1）充分发挥基层党组织领导核心作用

把加强基层党的建设、巩固党的执政基础作为贯穿社会治理和基层建设的主线,以改革创新精神探索加强基层党的建设引领,社会治理的路径。加强和改进街道(乡镇)、城乡社区党组织对社区各类组织和各项工作的领导,确保党的路线方针政策在城乡社区全面贯彻落实。

(2)有效发挥基层政府主导作用

按照条块结合、以块为主的原则,制定区县职能部门、街道办事处(乡镇政府)在社区治理方面的权责清单;依法厘清街道办事处(乡镇政府)和基层群众性自治组织权责边界,明确基层群众性自治组织承担的社区工作事项清单以及协助政府的社区工作事项清单;上述社区工作事项之外的其他事项,街道办事处(乡镇政府)可通过向基层群众性自治组织等购买服务方式提供。建立街道办事处(乡镇政府)和基层群众性自治组织履职履约双向评价机制。基层政府要切实履行城乡社区治理主导职责,加强对城乡社区治理的政策支持、财力物力保障和能力建设指导,加强对基层群众性自治组织建设的指导规范,不断提高依法指导城乡社区治理的能力和水平。

(3)注重发挥基层群众性自治组织基础作用

进一步加强基层群众性自治组织规范化建设,合理确定其管辖范围和规模。促进基层群众自治与网格化服务管理有效衔接。加快工矿企业所在地、国有农(林)场、城市新建住宅区、流动人口聚居地的社区居民委员会组建工作。完善城乡社区民主选举制度,进一步规范民主选举程序,通过依法选举稳步提高城市社区居民委员会成员中本社区居民比例,切实保障外出务工农民民主选举权利。进一步增强基层群众性自治组织开展社区协商、服务社区居民的能力。建立健全居务监督委员会,推进居务公开和民主管理。充分发挥自治章程、村规民约、居民公约在城乡社区治理中的积极作用,弘扬公序良俗,促进法治、德治、自治有机融合。

（4）统筹发挥社会力量协同作用

制定完善孵化培育、人才引进、资金支持等扶持政策,落实税费优惠政策,大力发展在城乡社区开展纠纷调解、健康养老、教育培训、公益慈善、防灾减灾、文体娱乐及农村生产技术服务等活动的社区社会组织和其他社会组织。

知识链接

推进社区、社会组织、社会工作"三社联动",完善社区组织发现居民需求、统筹设计服务项目、支持社会组织承接、引导专业社会工作团队参与的工作体系。鼓励和支持建立社区老年协会,搭建老年人参与社区治理的平台。增强农村集体经济组织支持农村社区建设能力。积极引导驻社区机关企事业单位、其他社会力量和市场主体参与社区治理。

30. 城乡社区如何不断提升治理水平?

（1）增强社区居民参与能力

提高社区居民议事协商能力,凡涉及城乡社区公共利益的重大决策事项、关乎居民群众切身利益的实际困难问题和矛盾纠纷,原则上由社区党组织、基层群众性自治组织牵头,组织居民群众协商解决。支持和帮助居民群众养成协商意识、掌握协商方法、提高协商能力,推动形成既有民主又有集中,既尊重多数人意愿又保护少数人合法权益的城乡社区协商机制。探索将居民群众参与社区治理、维护公共利益情况纳入社会信用体系。推动学校普及社区知识,参与社区治理。拓展流动人口有序参与居住地社区治理渠道,丰富流动人口社区生活,促进流动人口社区融入。

（2）提高社区服务供给能力

加快城乡社区公共服务体系建设，健全城乡社区服务机构，编制城乡社区公共服务指导目录，做好与城乡社区居民利益密切相关的劳动就业、社会保障、卫生计生、教育事业、社会服务、公共法律服务等公共服务事项。着力增加农村社区公共服务供给，促进城乡社区服务项目、标准相衔接，逐步实现均等化。将城乡社区服务纳入政府购买服务指导性目录，完善政府购买服务政策措施，按照有关规定选择承接主体。创新城乡社区公共服务供给方式，推行首问负责、一窗受理、全程代办等制度。提升城乡社区医疗卫生服务能力和水平，更好满足居民群众基本医疗卫生服务需求。探索建立社区公共空间综合利用机制，合理规划建设文化、体育、商业等自助服务设施。积极开展以生产互助、养老互助等为主要形式的农村社区互助活动。鼓励和引导各类市场主体参与社区服务业，支持供销合作社经营服务网点向城乡社区延伸。

（3）强化社区文化引领能力

以培育和践行社会主义核心价值观为根本，大力弘扬中华优秀传统文化，培育心口相传的城乡社区精神，增强居民群众的社区认同感、归属感、责任感和荣誉感。组织居民群众开展文明家庭创建活动，发展社区志愿服务，倡导移风易俗，形成与邻为善、以邻为伴、守望相助的良好社区氛围。不断加强民族团结，建立各民族相互嵌入式的社会结构和社区环境，创建民族团结进步示范社区。加强城乡社区公共文化服务体系建设，提升公共文化服务水平，因地制宜设置村史陈列、非物质文化遗产等特色文化展示设施，突出乡土特色、民族特色。积极发展社区教育，建立健全城乡一体的社区教育网络，推进学习型社区建设。

（4）增强社区依法办事能力

进一步加快城乡社区治理法治建设步伐,加快修订《中华人民共和国城市居民委员会组织法》,贯彻落实《中华人民共和国村民委员会组织法》,研究制定社区治理相关行政法规。有立法权的地方要结合当地实际,出台城乡社区治理地方性法规和地方政府规章。推进法治社区建设,发挥警官、法官、检察官、律师、公证员、基层法律服务工作者作用,深入开展法治宣传教育和法律进社区活动,推进覆盖城乡居民的公共法律服务体系建设。

（5）提升社区矛盾预防化解能力

完善利益表达机制,建立党代会代表、人大代表、政协委员联系社区制度,完善党员干部直接联系群众制度,引导群众理性合法表达利益诉求。完善心理疏导机制,依托社会工作服务机构等专业社会组织,加强对城乡社区社会救助对象、建档立卡贫困人口、困境儿童、精神障碍患者、社区服刑人员、刑满释放人员和留守儿童、妇女、老人等群体的人文关怀、精神慰藉和心理健康服务,重点加强老少边穷地区农村社区相关机制建设。提升城乡社区治理水平,还要不断完善矛盾纠纷调处机制,健全城乡社区人民调解组织网络,引导人民调解员、基层法律服务工作者、农村土地承包仲裁员、社会工作者、心理咨询师等专业队伍,在物业纠纷、农村土地承包经营纠纷、家事纠纷、邻里纠纷调解和信访化解等领域发挥积极作用。推进平安社区建设,依托社区综治中心,拓展网格化服务管理,加强城乡社区治安防控网建设,深化城乡社区警务战略,全面提高社区治安综合治理水平,防范打击黑恶势力扰乱基层治理。

知识链接

提升城市社区治理水平,其中一个重要途径是将业主纳入社区治理体系。充分发挥业主委员会的作用,构建对物业服务的常态监督和协调机制。当前,居民对物业服务的投诉较多,而业主委员会是监督和协助物业企业履行物业服务合同的法定机构。提升小区治理能力,成立业主委员会,将物业服务企业和业主委员会纳入社区治理体系。业主委员会负责监督物业服务企业履行合同,督促业主缴纳物业服务费用,协调业主与物业企业、业主与业主之间的关系,组织居民参与社区事务,提供志愿服务。

31. 城乡社区如何补齐治理短板?

(1)改善社区人居环境

完善城乡社区基础设施,建立健全农村社区基础设施和公用设施的投资、建设、运行、管护和综合利用机制。加快城镇棚户区、城中村和危房改造。加强城乡社区环境综合治理,做好城市社区绿化美化净化、垃圾分类处理、噪声污染治理、水资源再生利用等工作,着力解决农村社区垃圾收集、污水排放、秸秆焚烧以及散埋乱葬等问题,广泛发动居民群众和驻社区机关企事业单位参与环保活动,建设资源节约型、环境友好型社区。推进健康城市和健康村镇建设。强化社区风险防范预案管理,加强社区应急避难场所建设,开展社区防灾减灾科普宣传教育,有序组织开展社区应对突发事件应急演练,提高对自然灾害、事故灾难、公共卫生事件、社会安全事件的预防和处置能力。加强消防宣传和消防治理,提高火灾事故防范和处置能力,推进消防安全社区建设。

(2)加快社区综合服务设施建设

将城乡社区综合服务设施建设纳入当地国民经济和社会发展规划、

城乡规划、土地利用规划等,按照每百户居民拥有综合服务设施面积不低于 30 平方米的标准,以新建、改造、购买、项目配套和整合共享等形式,逐步实现城乡社区综合服务设施全覆盖。加快贫困地区农村社区综合服务设施建设,率先推动易地搬迁安置区综合服务设施建设全覆盖。落实不动产统一登记制度,做好政府投资建设的城乡社区综合服务设施不动产登记服务工作。除国家另有规定外,所有以社区居民为对象的公共服务、志愿服务、专业社会工作服务,原则上在城乡社区综合服务设施中提供。创新城乡社区综合服务设施运营机制,通过居民群众协商管理、委托社会组织运营等方式,提高城乡社区综合服务设施利用率。落实城乡社区综合服务设施供暖、水、电、燃气价格优惠政策。

(3)优化社区资源配置

组织开展城乡社区规划编制试点,落实城市总体规划要求,加强与控制性详细规划、村庄规划衔接;发挥社区规划专业人才作用,广泛吸纳居民群众参与,科学确定社区发展项目、建设任务和资源需求。探索建立基层政府面向城乡社区的治理资源统筹机制,推动人财物和责权利对称下沉到城乡社区,增强城乡社区统筹使用人财物等资源的自主权。探索基层政府组织社区居民在社区资源配置公共政策决策和执行过程中,有序参与听证、开展民主评议的机制。建立机关企事业单位履行社区治理责任评价体系,推动机关企事业单位积极参与城乡社区服务、环境治理、社区治安综合治理等活动,面向城乡社区开放文化、教育、体育等活动设施。注重运用市场机制优化社区资源配置。

(4)推进社区减负增效

依据社区工作事项清单建立社区工作事项准入制度,应当由基层政府履行的法定职责,不得要求基层群众性自治组织承担,不得将基层群众性自治组织作为行政执法、拆迁拆违、环境整治、城市管理、招商引资等事项的责任主体;依法需要基层群众性自治组织协助的工作事项,应当为其提供经费和必要工作条件。进一步清理规范基层政府各职能部门在社区设立的工作机构和加挂的各种牌子,精简社区会议和工作台账,全面清理基层政府各职能部门要求基层群众性自治组织出具的各类证明。实行基层政府统一对社区工作进行综合考核评比,各职能部门不再单独组织考核评比活动,取消对社区工作的"一票否决"事项。

(5)改进社区物业服务管理

加强社区党组织、社区居民委员会对业主委员会和物业服务企业的指导和监督,建立健全社区党组织、社区居民委员会、业主委员会和物业服务企业议事协调机制。探索在社区居民委员会下设环境和物业管理委员会,督促物业服务企业履行职责。探索完善业主委员会的职能,依法保护业主的合法权益。探索符合条件的社区居民委员会成员通过法定程序兼任业主委员会成员。探索在无物业管理的老旧小区依托社区居民委员会实行自治管理。有条件的地方应规范农村社区物业管理,研究制定物业管理费管理办法;探索在农村社区选聘物业服务企业,提供社区物业服务。

知识链接

探索建立以社区工作者为主体、专兼职结合的全科网格员队伍,按照老旧小区、成熟物业小区、"九小场所"、商圈市场、城市主次干道区域等不同网格类型,灵活将社区民警、市场监管人员、巡防队员、物管公司人员配置到网格中,实现"一网多员、一员多能",对社区党建、环境卫生、物业管理、居民服务、平安建设等五大类工作事项"一网管尽、一管到底"。明确网格员包片管、每日巡、经常访、及时报、定期记等五项工作职责,按照公治公家事、共治大家事、自治自家事的"三事分流"原则,推行"五个一"快速反应机制,即:网格员每半天在负责区域内巡查一次,对群众反映的问题十分钟到达现场,一般问题一小时内解决,重大问题一天内解决,特殊复杂问题一周内形成解决方案,做到快速响应、立即就办、一办到底。对涉及部门较多、无法单独处理的难点问题,建立区、街、社区三级协调机制,通过各级党建联席会协商解决。

32. 城乡社区如何强化治理的组织保障?

（1）完善领导体制和工作机制

各级党委和政府要把城乡社区治理工作纳入重要议事日程,完善党委和政府统一领导,有关部门和群团组织密切配合,社会力量广泛参与的城乡社区治理工作格局。完善中央层面城乡社区治理工作协调机制,地方各级党委和政府要建立健全相应工作机制,抓好统筹指导、组织协调、资源整合和督促检查。各省（自治区、直辖市）党委和政府要建立研究决定城乡社区治理工作重大事项制度,定期研究城乡社区治理工作。市县党委书记要认真履行第一责任人职责,街道党工委书记、乡镇党委书记要履行好直接责任人职责。要把城乡社区治理工作纳入地方党政领导班子和领导干部政绩考核指标体系,纳入市县乡党委书记抓基层党建工作述职评议考核。逐步建立以社区居民满意度为主要衡量标准的社区治理评价体系和评价结果公开机制。

（2）加大资金投入力度

加大财政保障力度,统筹使用各级各部门投入城乡社区的符合条件的相关资金,提高资金使用效率,重点支持做好城乡社区治理各项工作。老少边穷地区应根据当地发展水平,统筹中央财政一般性转移支付等现有资金渠道,支持做好城乡社区建设工作。不断拓宽城乡社区治理资金筹集渠道,鼓励通过慈善捐赠、设立社区基金会等方式,引导社会资金投向城乡社区治理领域。创新城乡社区治理资金使用机制,有序引导居民群众参与确定资金使用方向和服务项目,全过程监督服务项目实施和资金使用。

(3)加强社区工作者队伍建设

将社区工作者队伍建设纳入国家和地方人才发展规划,地方要结合实际制定社区工作者队伍发展专项规划和社区工作者管理办法,把城乡社区党组织、基层群众性自治组织成员以及其他社区专职工作人员纳入社区工作者队伍统筹管理,建设一支素质优良的专业化社区工作者队伍。加强城乡社区党组织带头人队伍建设,选优配强社区党组织书记,加大从社区党组织书记中招录公务员和事业编制人员力度,注重把优秀社区党组织书记选拔到街道(乡镇)领导岗位,推动符合条件的社区党组织书记或班子成员通过依法选举担任基层群众性自治组织负责人或成员。加强社区工作者作风建设,建立群众满意度占主要权重的社区工作者评价机制,探索建立容错纠错机制和奖惩机制,调动社区工作者实干创业、改革创新热情。

(4)完善政策标准体系和激励宣传机制

加强城乡社区治理工作理论政策研究,做好城乡社区发展规划编制工作,制定"三社联动"机制建设、政府购买城乡社区服务等相关配套政策。加快建立城乡社区治理标准体系,研究制定城乡社区组织、社区服务、社区信息化建设等方面基础通用标准、管理服务标准和设施设备配置标准。及时总结推广城乡社区治理先进经验,积极开展城市和谐社区建设、农村幸福社区建设示范创建活动和城乡社区结对共建活动,大力表彰先进城乡社区组织和优秀城乡社区工作者。充分发挥多方共治的作用,建构共建共治共享新格局。打破居委会独揽全责的格局,将居委会、社区组织、社会单位以及社区居民有效组织起来,发挥集体智慧,群策群力,采取协商一致的形式,统一制定方案,共同参与社区治理,形成新型社区多方共治模式,形成基层党组织为核心、基层政府为主导、社区居委会为基础、社区居民为主体、社区社会组织和驻区单位等社会力量共同参与的新型社区治理结构,构建社区内多方主体共建共治共享的新格局。

知 识 链 接

在社区治理中,还应不断加强完善公众参与机制。社会治理的重心必须落到城乡社区,在社区治理中积极引导居民有序参与。这样不仅有利于提高社区管理效率,更有利于满足社区居民的根本利益。随着城市化进程的不断加快,社区日益成为城市管理的重心,也成为人民群众幸福生活的家园。只有不断扩大居民有序参与,才能为完善社区治理提供重要保障,也只有这样,才能为社区治理提供源源不断的动力支撑。

33.什么是社区服务?

社区服务是指以社区为基本单元,以各类社区服务设施为依托,以社区全体居民、驻社区单位为对象,以公共服务、志愿服务、便民利民服务为内容,以满足社区居民生活需求、提高社区居民生活质量为目标,党委统一领导、政府主导支持、社会多元参与的服务网络及运行机制。

知 识 链 接

展开社区服务具有重要作用,它有利于推动社区物质文明与精神文明建设,提高社区居民生活质量。通过广泛调动社区居民参与,营造出良好的社会道德风气;有利于社区早期居民形成主体意识、协作意识、文化意识,提高居民综合文化素养。

34. 推进社区公共服务体系建设的措施有哪些?

发展社区公共服务是社区服务体系建设的重要内容。在这方面,《关于加强和改进社区服务工作的意见》《关于深入推进农村社区建设试点工作的指导意见》等政策性文件提出了以下要求:

(1)推进社区就业服务

一是加强街道、社区劳动保障工作平台建设,通过提供再就业咨询、再就业培训、就业岗位信息服务和社区公益性岗位开发等,对就业困难人员提供针对性的服务和援助。二是开发社区就业岗位,挖掘社区就业潜力,鼓励多种形式就业,提高就业稳定性。三是宣传和执行落实再就业优惠政策,如税收优惠政策、工商登记优惠政策、贷款担保等金融服务政策等,为下岗失业人员自谋职业和自主创业创造条件。

(2)推进社区救助和社会保障服务

加强对失业人员和城乡居民最低生活保障对象的动态管理,及时掌握他们的就业及收入状况,切实做到"应保尽保";积极开展基层社会救助服务,帮助群众解决生产生活中的困难;加快发展社区居家养老服务;大力发展社区慈善事业,加强对社区捐助接收站点、"慈善"超市的建设和管理;加强企业离退休人员社会化管理服务工作;促进和帮助城镇居民按规定参加各项社会保险。

（3）推进社区卫生和计划生育服务

建立健全以社区卫生服务中心为主体的社区卫生健康服务网络，以妇女、儿童、老年人、慢性病人、残疾人、贫困居民为重点，为社区居民提供预防保健、健康教育、康复、计划生育的技术服务和一般常见病、多发病、慢性病的诊疗服务。大力培养社区卫生服务技术和管理人员，加强对社区卫生服务的监督管理，保证服务质量。

（4）推进社区文化、教育、体育服务

发展面向基层的公益性文化事业，逐步建设方便社区居民读书、阅报、健身、开展文艺活动的场所，加强对社区休闲广场、演艺厅、棋苑、网吧等文化场所的监督管理，促进社会主义精神文明建设。调动社区资源和力量支持和保障社区内中小学校开展素质教育和社会实践活动，为青少年健康成长创造良好的社区环境。落实《全民科学素质行动计划纲要》，不断提高居民科学素质。统筹各类教育资源，充分发挥社区学院、市民学校的作用，积极创建各种类型的学习型组织，面向社区居民开展多种形式的教育培训和科普活动，建立覆盖各类人群的多渠道、全方位的社区学习服务体系。培育群众性体育组织，落实《全民健身计划纲要》，配置相应的健身器材，不断增强居民体质。

（5）着力提升农村社区公共服务供给水平

提升农村社区公共服务供给水平。健全农村社区服务设施和服务体系，整合利用村级组织活动场所、文化室、卫生室等现有场地、设施和资源，推进农村基层综合性公共服务设施建设。改善农村社区医疗卫生条件，加大对乡、村级卫生和计划生育服务机构设施改造、设备更新等方面的支持力度。丰富农村社区文化资源，鼓励各级各类学校教育资源向周边农村居民开放。从农村群众现实需求出发，建立完善农村社区服务体系，优化农村社区养老、文化、体育等服务设施规划布局，加强老年活动中心、居家养老服务中心、文化服务中心等服务设施建设,推动基本公共服务向农村延伸。探索建立公共服务事项全程委托代理机制,促进城乡基本公共服务均等化。充分整合政务服务资源,利用全省统建的网上政务服务平台提供"一门式""一站式"服务。加快推进农村社区综合信息网络平台建设,打造集网上办事、政务服务、农村产权流转管理服务、电子监察等于一体的综合性公共服务平台,提升农村基层公共服务信息化水平。

知识链接

提升农村社区公共服务供给水平,其重要一点就是建立健全相关体制建设。具体而言,就是要健全农村"三留守"人员关爱服务体系,探索建立困境儿童福利服务机制,完善低收入老年人高龄津贴和养老服务补贴制度,培育妇女互助组织。建立农村社区"三留守"人员动态信息库,扩大呼叫终端、远程监控等应用覆盖范围。做好农村社区扶贫、社会救助、社会福利和优抚安置服务,推进农村社区养老、助残服务,完善统一的城乡居民基本医疗保险制度和大病保险制度,组织引导农村居民积极参加城乡居民养老保险和城乡居民基本医疗保险。继续推进农村电商进基层党组织服务平台工作,推动生产生活用品下乡、高原特色农产品进城、乡村旅游推介上网,不断扩大农村电子商务覆盖领域和服务范围。

35. 如何做好社区社会工作服务?

社区是社会工作专业人才开展服务的主要平台,加快推进社区社会工作服务对于拓展社区服务范围、深化社区服务内涵、提升社区服务水平、回应社区居民需求、促进社区和谐与发展具有重要意义。为此,民政部、财政部于 2013 年制定出台《关于加快推进社区社会工作服务的意见》,要求广泛深入开展社区社会工作服务,逐步用专业社会工作理念丰富社区工作理念,用专业社会工作制度创新社区管理服务制度,用专业社会工作方法提升社区管理服务水平。争取到 2020 年广大城乡社区自治组织成员、基层党组织成员、社区专职工作者、社区服务人员能够普遍掌握应用社会工作专业理念、知识与方法参与社区管理与服务,有效满足社区居民服务需求,促进社区和谐发展。

该文件指出快速推进社区社会工作服务的主要任务:

(1)大规模培养和使用社区社会工作专业人才队伍

坚持提升存量与扩充增量、专业培训与知识普及相结合,建立健全社区社会工作专业人才培养制度。以实施社会工作服务人才职业能力建设工程、社会工作管理人才综合素质提升工程和社区服务人才队伍建设工程为抓手,依托社会工作专业人才培训基地以及社区建设和社区服务人才培训基地,重点对城乡社区直接从事社会服务的人员进行大规模、系统化的社会工作专业知识培训,逐步提升转化为社会工作专业人才。推动建立高校社会工作专业教育与社区社会工作专业人才培养对接机制,支持社区管理与服务人员参加社会工作硕士专业学位在职教育。完善社会工作者职业水平评价制度,支持社区管理与服务人员参加社会工作者职业水平考试。根据社区管理与服务需要,支持城乡社区通过向社会公开招聘、民主选举、竞争上岗、挂职锻炼等方式,配备和使用社区社会工作专业人才;积极招录全日制高校社会工作专业毕业生到社区就业,逐步扩大社会工作专业人才在社区管理与服务人员中的比例,不断壮大社区社会工作专业人才队伍。对下派城乡社区锻炼的党政部门、人民团体、相关事业单位、部分执法单位的干部和选聘到村、社区任职的大学毕业生要普及社会工作专业知识。

(2)不断拓宽社区社会工作服务平台

按照和谐社区建设总体要求,本着理顺关系、理清职能、整合资源的原则,逐步在街道社区服务中心、社区服务站、社区矫正机构等社区公共服务平台设置社会工作专业岗位,配备社会工作专业人才,鼓励社会工作专业人才通过选举进入城市社区党组织、社区居民自治组织、业主委员会。适应新农村建设需要,积极推动乡镇社会事务办或民政所设置社会工作专业岗位。一是大规模培养和使用社区社会工作专业人才队伍。坚持提升存量与扩充增量、专业培训与知识普及相结合,建立健全社区社会工作专业人才培养制度。以实施社会工作服务人才职业能力建设工程、社会工作管理人才综合素质提升工程和社区服务人才队伍建设工程为抓手,依托社会工作专业人才培训基地以及社区建设和社区服务人才培训基地,重点对城乡社区直接从事社会服务的人员进行大规模、系统化的社会工作专业知识培训,逐步提升转化为社会工作专业人才。推动建立高校社会工作专业教育与社区社会工作专业人才培养对接机制,支持社区管理与服务人员参加社会工作硕士专业学位在职教育。完善社会工作者职业水平评价制度,支持社区管理与服务人员参加社会工作者职业水平考试。根据社区管理与服务需要,支持城乡社区通过向社会公开招聘、民主选举、竞争上岗、挂职锻炼等方式,配备和使用社区社会工作专业人才;积极招录全日制高校社会工作专业毕业生到社区就业,逐步扩大社会工作专业人才在社区管理与服务人员中的比例,不断壮大社区社会工作专业人才队伍。对下派城乡社区锻炼的党政部门、人民团体、相关事业单位、部分执法单位的干部和选聘到村、社区任职的大学毕业生要普及社会工作专业知识。

（3）分类推进社区社会工作服务

根据城乡社区发展特点和社区居民需求，分类推进社区社会工作服务。在城市社区重点开展针对老年人、未成年人、外来务工人员、残疾人和低收入家庭的社区照顾、社区融入、社区矫正、社区康复、就业辅导、精神减压与心理疏导服务。在农村社区以空心村落、空巢家庭、留守人群为重点，为留守儿童提供生活、学习等方面服务，为留守老人提供生活照料、代际沟通、文化娱乐等方面服务，为留守妇女提供安全教育、技能培训、关系调适等方面服务。开展城乡人才对口支持，创造条件引导和鼓励城市社会工作专业人才到农村社区开展服务。在少数民族聚居和信教群众较多的社区，根据需要配备政治立场坚定、熟悉民族和宗教事务的社会工作专业人才开展少数民族社会工作。

（4）建立健全社区、社会组织和社会工作专业人才联动服务机制

按照"政府扶持、社会承接、专业支撑、项目运作"的思路，探索建立以社区为平台、社会组织为载体、社会工作专业人才为支撑的新型社区服务管理机制。坚持社会事社会办、专业事专业办原则，通过政府购买服务等方式，逐步将街道和乡镇政府面向社区的事务性、服务性工作委托有专业能力的社会组织承接，社会组织聘用社会工作专业人才提供服务。采取公办民营、民办公助等方式，面向社区社会工作服务组织开放社区资源，为社区居民提供社会工作服务。通过建立健全社区、社会组织和社会工作联动服务机制，扩大社区社会工作服务范围，提升社区社会工作服务层次，创新基层社会管理方式，完善基层社会管理体制，增强基层社会管理实效。

（5）建立健全社区社会工作专业人才引领志愿者服务机制

志愿者队伍是社区社会工作专业人才开展服务的重要补充力量。建立社区社会工作专业人才定期、定向联系志愿者制度，对社区志愿者

开展社会工作专业知识与技能培训,提升志愿服务水平。依托志愿者注册登记管理信息系统和社区公共服务综合信息平台,实现社区志愿服务需求与供给的无缝对接,做好社区志愿服务记录工作。探索在社区志愿者组织中配备社会工作专业人才,负责志愿者的招募、组织、管理、培训和监督,引导和带领志愿者协助实施社区服务项目,参与社区建设。对有从事社会工作职业意愿且符合条件的优秀志愿者,在其通过社会工作者职业水平考试并经登记后,优先录用到社区社会工作专业岗位。

知 识 链 接

大量实践证明,社会工作和社区工作是一种相互促进的关系,前者可以让后者更精准、更专业、也更高效;而后者能够让前者更饱满、更生动、也更切合实际。社会工作团队要在社区治理中主动发挥效能,除了以专业服务回应社区居民的现实需求外,还要注重结合社区发展实际,以全面、务实的服务充分回应社区发展需要。例如,积极参与和策划社区党建服务活动,开展党员志愿服务、困难党员帮扶、党建阵地建设等服务性工作。积极介入、协作社区重点项目,整合提升社区居委会日常工作等。

36. 如何做好社区志愿服务?

(1)发展社区志愿服务组织和志愿者队伍

要根据社区居民构成,培育不同类型、不同层次的社区志愿服务组织。积极动员共产党员、共青团员、公务员、教师、青少年学生等加入志愿服务队伍,优化志愿人员结构,壮大志愿人员力量。要规范志愿者招募注册,根据群众的实际需要,由城乡社区、志愿服务组织、公益慈善类组织、社会服务机构等,及时发布志愿者招募信息,根据标准和条件吸纳社区居民参加志愿服务活动。依托全国志愿者队伍建设信息系统志愿服务信息平台,为有意愿、能胜任的社区居民进行登记注册。登记注册时,由居民提供个人基本信息,包括姓名、性别、年龄等,由社区审核后予以登记注册,并发放《志愿者证》。

(2)开展社区志愿者服务活动

依托社区综合服务设施,建立志愿服务站点,搭建志愿者、服务对象和服务项目对接平台。把空巢老人、留守儿童、残疾人作为服务重点,围绕社会救助、优抚、助残、老年服务等内容,广泛开展形式多样的志愿服务活动,力争覆盖困难群众所需的各种服务。采取社会工作者带志愿者的活动方式,组织志愿者在社会工作者的带领和安排下,有针对性地开展服务。通过政府购买服务等方式,鼓励和支持社会力量广泛参与社区志愿服务活动;倡导并组织社区居民和驻区单位开展社会捐赠、互帮互助、承诺服务,为社区困难群体提供帮扶服务。

(3)建立社区志愿服务记录制度

志愿服务活动结束后,由城乡社区、志愿服务组织、社会服务机构等按照民政部《志愿服务记录办法》确定的内容、格式和记录方式,对志愿者的服务进行及时、完整、准确记录,为表彰激励提供依据。服务记录要记录在《志愿者证》上,注明服务时间、服务内容和服务质量等。社区要建立志愿服务台账,把志愿者的服务记录汇总在统一的信息平台上,并做到互联互通,使服务记录能够异地转移和接续,使志愿者的服务记录不因工作岗位和居住地的变动而失效,把志愿者的积极性保护好、发挥好。

（4）建立社区志愿服务激励保障机制

建立志愿者星级认定制度，根据民政部确定的认定标准，志愿服务累计达到 100 小时、300 小时、600 小时、1000 小时和 1500 小时的志愿者，可依次认定为一至五星级志愿者。建立志愿者嘉许制度，对优秀志愿者进行褒扬和嘉奖，授予荣誉称号。建立志愿服务回馈制度，志愿者可以利用参加志愿服务的工时，适度换取一定的社区服务，同时在就学、就业、就医等方面享受优惠或优待。但反馈要适度，充分体现志愿服务自愿、无偿、利他的特点，不能搞成等价交换。

（5）培训社区志愿者

坚持培训与服务并重的原则，由社区根据志愿服务项目的要求，通过集中辅导、座谈交流等方式，对志愿者进行相关知识和技能培训。培训工作要定期进行，特别要重视志愿者骨干的培养。依托社区综合服务设施建立志愿服务站点，跟踪掌握志愿者接受培训、参加服务的情况，合理安排服务时间和服务任务，实现志愿者、服务对象和活动项目的有效衔接。

知识链接

社区推进志愿服务时，应注意以下三个要点：

（1）切实加强组织领导

要主动把社区志愿服务活动融入城乡社区治理，作为文明社区创建的重要任务，充分发挥社区的主导作用，加强协调指导和制度设计，推进社区志愿服务经常化制度化发展。

（2）突出思想道德内涵

要把培育和践行社会主义核心价值观融入活动全过程和各方面，大力弘扬中华传统美德，切实加强公民道德建设，引导人们在参加志愿服务的实践中，深化对社会主义核心价值观的理解认同，使之成为人们的精神追求和自觉行动。

（3）吸引居民积极参与

要立足群众乐于参与、便与参与，精心设计接地气的项目，广泛开展顺民意的活动，激发社区居民的参与热情，扩大活动的覆盖范围，提高活动的实效性，推动志愿服务活动进社区、进家庭。

第四章　人民调解

37. 什么是人民调解？

人民调解是指人民调解委员会通过说服、疏导等方法，促使当事人在平等协商基础上自愿达成调解协议，解决民间纠纷的活动。人民调解是一种人民群众进行自我管理、自我服务、自我约束、自我教育的群众性自治活动，它是在人民调解委员会的主持下，通过人民调解员在矛盾双方当事人之间说服、疏导而促使当事人双方平等协商，自愿达成协议。

知识链接

人民调解委员会是指村民委员会和居民委员会下设的调解民间纠纷的群众组织，在基层人民政府和人民法院指导下进行工作。人民调解委员会根据当事人的申请及时调解矛盾。当事人没有申请的，也可以主动调解。

38. 人民调解的意义有哪些？

人民调解是基层群众民主自治的重要形式，人民调解委员会是党和政府联系群众、服务群众的桥梁和纽带，是群众工作的重要组成部分。

做好人民调解工作,在党委政府的主导下,让人民群众组织起来,自己管理自己的事情,对于进一步做好群众工作,加强和创新社会治理,维护社会和谐稳定具有十分重要的意义。《人民调解法》的正式实施为进一步做好新形势下的人民调解工作,加强和创新社会管理提供了有力的法律保障,奠定了坚实的法制基础。

知识链接

人民调解工作与群众的切身利益息息相关,直接影响社会的安定团结,认真开展人民调解工作,能够缓解社会矛盾,促进社会安定团结;能够促进社会主义精神文明建设;能够预防犯罪,减少犯罪;可以积极推动社会生产力的发展;人民群众可以直接参加管理国家和社会公共事务;同时,还能够起到党和政府以及审判机关的助手作用。

39. 人民调解的原则有哪些?

人民调解的基本原则是从人民调解的实践经验中总结出来的,对调解工作具有普遍意义的行为准则。人民调解的基本原则贯彻在调解工作的全部活动中,体现了调解工作的指导思想,表明了人民调解的群众性、民主性、自治性和法制性,概括了人民调解的性质、本质及其特点,反映了人民调解工作所采取的主要方式方法、程序和制度,确定了人民调解工作的目的要求及其宗旨。人民调解的工作原则如下:

(1)依法调解原则

依法调解原则是人民调解的依据。该原则包括人民调解必须在法律允许的范围内进行;人民调解必须遵循以事实为依据、以法律为准绳的法定原则；调解的结果和当事人的权利义务的确定，必须符合法律法规和国家政策；调解程序必须符合相关的法律规定。

（2）平等自愿原则

平等自愿原则是人民调解的基础，贯穿整个人民调解活动的始终。自愿平等原则表现在以下方面：

一是人民委员会调解纠纷，必须出于双方当事人的自愿。当事人发生纠纷以后，是否经过人民调解委员会调解，首先决定于当事人愿不愿意接受调解，当事人接受调解，人民调解委员会就予以受理；如果当事人不同意某个调解委员的调解，就应当尊重当事人的意愿，更换调解委员；如果当事人不同意人民调解委员会调解，就不得硬性调解或强迫调解。

二是调解协议必须经过双方当事人一致同意。凡是经过人民调解委员会调解后达成的分清是非、承担责任、明确权利义务关系等方面的协议，必须是双方当事人协商一致的结果，不能由调解委员根据自己的认识作判断，代替当事人达成某种协议，更不能由外力强制当事人达成某种协议。

三是调解协议的履行必须出自当事人的自愿。通过调解委员的调解，双方当事人达成调解协议后，对于如何履行协议，履行协议的时间、地点、方式、方法等，都必须在当事人自觉自愿的情况下进行，而不允许强制执行。这是人民调解委员会的调解与人民法院的调解的本质区别。人民法院的调解是诉讼内的调解，是人民法院行使审判权的一种方式，它是以国家的强制力作保证的。对于人民法院已生效的调解协议，如果负有义务的一方当事人拒绝履行义务，享有权利的一方当事人有权以调解协议为根据，要求人民法院强制执行。人民调解委员会作为排难解纷的群众性自治组织，不能强迫当事人达成调解协议，也不能强迫当事人履行调解协议。

（3）尊重当事人诉讼权利原则

尊重当事人的诉讼权利，不得因调解而阻止当事人依法通过仲裁、行政、司法等途径维护自己的权利，这是调解工作必须遵守的第三个原则，也是人民调解的保障。调解、仲裁、行政或司法途径都是当事人可以选择的维护自身合法权益的有效途径。当事人有权利选择利用哪种途径主张权利和维护自身合法利益。当事人有权利选择是否采用调解解决方案。

知识链接

根据《宪法》《中华人民共和国民事诉讼法》《人民调解法》的规定，人民调解委员会是调解民间纠纷的群众性组织，在基层人民政府和基层司法行政机关指导下进行工作。实践证明，人民调解是人民群众实行自我管理、自我教育的重要形式，它对增进居民团结，维护社会安定，减少群众纠纷，预防犯罪，促进社会文明建设发挥了积极作用。

40. 当事人在调解活动中的权利有哪些？

《人民调解法》规定，当事人在参与调解活动的过程中享有广泛的民事权利，具体包括以下四个方面：

（1）选择或者接受人民调解员

当事人既可以接受人民调解委员会指定的调解员，也可以选择自己喜欢和信任的调解员。

（2）接受调解、拒绝调解或者要求终止调解

当事人既可以接受人民调解委员会的调解，也可以拒绝调解，在调

节活动进行过程中,还可以随时要求终止调解,充分尊重当事人的意愿。

(3)要求调解公开进行或者不公开进行

当事人可以自主选择调解的方式是否公开。这主要考虑到民事纠纷和矛盾的复杂性,对于一些涉及个人隐私或当事人不愿意公开调解的案件,本着充分尊重当事人的原则。

(4)自主表达意愿、自愿达成调解协议

在调解活动中,当事人是主角,可以自主表达意愿,这与人民法院审理案件必须遵循法定的程序相比,更具灵活性;调解也不要求必须达成协议,双方自愿。

知识链接

人民调解委员会调解纠纷,应当指定一名人民调解员为调解主持人,根据需要可以指定若干人民调解员参加调解。当事人对调解主持人提出回避要求的,人民调解委员会应当予以调换。人民调解委员会调解纠纷,根据需要可以公开进行,允许当事人的亲属、邻里和当地(本单位)群众旁听。但是涉及当事人的隐私、商业秘密或者当事人表示反对的除外。

41. 当事人在调解活动中的义务有哪些?

《人民调解法》在规定了调解活动中当事人享有的广泛权利外,还同时规定了当事人的义务,主要包括以下三个方面:

(1)如实陈述纠纷事实

当事人应如实陈述纠纷事实。只有如实表达案件的事实情况,人民调解员才能查明事实,明辨是非,使调解工作有效地开展。

(2)遵守调解现场秩序,尊重人民调解员

当事人应当尊重人民调解员,遵守调解现场秩序。

(3)尊重对方当事人行使权利

人民调解活动离开当事人任何一方的参与,都无法继续。一方当事人在参与调解行使权力的过程中,应当尊重另一方当事人的权利。双方当事人只有彼此尊重对方的权利,才可能使民事纠纷得到圆满解决。

知识链接

人民调解委员会调解纠纷,在调解前应当以口头或者书面形式告知当事人人民调解的性质、原则和效力,以及当事人在调解活动中享有的权利和承担的义务。

42. 人民调解的受理范围有哪些?

人民调解委员会调解的民间纠纷,包括发生在公民与公民之间、公民与法人、其他社会组织之间涉及民事权利义务争议的各种纠纷。

(1)公民与公民

公民与公民之间的纠纷,一般是指发生在家庭成员、邻里、同事、居民、村民之间,因合法权益受到侵犯或者发生争议而引起的纠纷。

(2)公民与法人

公民与法人、其他社会组织之间的纠纷十分广泛,例如,农村村民与农村合作组织、经济组织、乡镇企业之间因土地承包、农业产业化服务中的合同,划分宅基地、财务管理等方面的纠纷。

（3）企业职工

企业职工与所在企业之间，因企业转制、租赁、兼并、破产、收购、转让，或者因企业拖欠职工工资、医疗费等发生的纠纷。

（4）其他

城市居民与城市市政管理组织、企业事业单位、施工单位等因城市街道市政建设、危改房屋改造等引发的纠纷等。

知识链接

人民调解委员会不得受理调解下列纠纷：法律、法规规定只能由专门机关管辖处理的，或者法律、法规禁止采用民间调解方式解决的；人民法院、公安机关或者其他行政机关已经受理或者解决的。

43. 人民调解的程序有哪些？

（1）受理纠纷

人民调解委员会受理纠纷的方式通常有申请调解和主动调解两种。

①申请调解。即当事人一方或双方主动要求人民调解委员会解决他们之间的纠纷。当事人既可以口头申请，也可以递交材料，形式不拘，以方便易行为原则。调解委员询问清楚具体纠纷内容，判明纠纷性质后，按照规定的管辖条件与范围作出受理或不受理的决定。

②主动调解。人民调解委员会根据群众报告、有关单位转告或调解委员会得知发生了纠纷，主动、及时前往纠纷当事人中间去进行调查、斡旋。主动受理是人民调解委员会受理纠纷的基本来源和重要形式。主动受理能使纠纷在萌芽状态、初发阶段得到解决，不致扩大、激化或

转化。

当事人一方明确拒绝调解的,不得调解。对所发生的纠纷,无论受理的或不受理的,都要分别进行登记。对受理的纠纷,登记是进行调解的第一道程序,是决定受理的文字记载。对一些可以当即调解解决的纠纷,也可调解解决后补办登记。

(2)调查研究

人民调解委员会受理纠纷以后,为了确定纠纷性质,正确解决纠纷,要及时开展调查研究,查明纠纷发生的原因、争执发生的焦点、发展的过程,以便有针对性地进行调解。调解委员要先向双方当事人进行调查,了解他们的意见和要求,了解纠纷发生、发展的全过程,记录他们提供的证人证言及其他证据。如需查看现场的,还应及时查看现场,必要时可做现场勘验笔录。同时还要向知情人、周围群众、当事人工作单位、与纠纷有关的相关单位等了解情况。在深入调查收集材料的基础上进行分析研究,提出调解方案。

(3)进行调解

人民调解委员会根据调解纠纷的需要,可以指定一名或者数名人民调解员进行调解,也可以由当事人选择一名或者数名人民调解员进行调解。同时人民调解员根据调解纠纷的需要,在征得当事人同意后,可以邀请当事人的亲属、邻里、同事等参与调解,也可以邀请具有专门知识、特定经验的人员或者有关社会组织的人员参与调解。人民调解委员会支持当地公道正派、热心调解、群众认可的社会人士参与调解。

人民调解员调解民间纠纷,应当坚持原则,明法析理,主持公道。调解民间纠纷,应当及时、就地进行,防止矛盾激化。人民调解员根据纠纷的不同情况,可以采取多种方式调解民间纠纷,充分听取当事人的陈述,讲解有关法律法规和国家政策,耐心疏导,在当事人平等协商、互谅互让的基础上提出纠纷解决方案,帮助当事人自愿达成调解协议。

(4)结束调解

结束调解分两种情况:一是在调解会上,纠纷当事人双方在平等协商、互谅互让的基础上提出纠纷解决方案,自愿达成调解协议,调解成立而结束调解;二是纠纷当事人双方经过反复协商不能达成协议,协调不能成立而结束调解。人民调解员调解纠纷不成立的,应当终止调解,并依据有关法律法规的规定,告知当事人可以依法通过仲裁、行政、司法等途径维护自己的权利。同时,人民调解员还应当记录调解情况,建立调解工作档案,将调解登记、调解工作记录、调解协议书等材料立卷归档。

此外,人民调解员在调解纠纷过程中,发现纠纷有可能激化的,应当采取有针对性的预防措施;对有可能引发治安案件、刑事案件的纠纷,应当及时向当地公安机关或者其他有关部门报告。

知识链接

人民调解委员会调解纠纷,应当在查明事实、分清责任的基础上,根据当事人的特点和纠纷性质、难易程度、发展变化的情况,采取灵活多样的方法,开展耐心、细致的疏导工作,促使双方当事人互谅互让,消除隔阂,积极引导当事人达成解决纠纷的调解协议。

44. 调解协议的内容有哪些?

调解协议必须载明下列事项:

(1)当事人的基本情况,包括双方当事人的姓名、性别、民族、年龄、职业、单位或住址等情况。

（2）纠纷简要事实、争议事项及双方责任。即当事人双方产生纠纷的主要原因、过程，所争议的具体事项及内容，以及在该纠纷中双方当事人各自承担什么样的责任。

（3）双方当事人的权利和义务。即通过人民调解委员会的调解，当事人在互谅互让、平等协商的基础上，就如何解决纠纷所达成的一致意见。

（4）履行协议的方式、地点、期限。明确写出调解协议的履行方式、地点、期限，有利于协议的实际履行，保护当事人的权益。

（5）当事人签名、盖章或按指印，人民调解员签名并加盖人民调解委员会印章。这样表明双方当事人对该协议的认可，是双方真实意思的表示，表明该协议是在人民调解委员会的主持下达成的。

知识链接

经人民调解委员会调解达成调解协议的，可以制作调解协议书。当事人认为无需制作调解协议书的，可以采取口头协议方式，人民调解员应当记录协议内容。

45. 调解协议的效力有哪些？

调解协议书自各方当事人签名、盖章或按指印，人民调解员签名并加盖人民调解委员会印章之日起生效。调解协议书由当事人各执一份，人民调解委员会留存一份。口头调解协议自各方当事人达成协议之日起生效。经人民调解委员会调解达成的调解协议，具有法律约束力，当事人应当按照约定履行。人民调解委员会应当对调解协议的履行情况进行监督,督促当事人履行约定的义务。

知 识 链 接

　　经人民调解委员会调解达成调解协议后,当事人之间就调解协议发生争议的,一方当事人可以向人民法院提起诉讼。

46.如何确认调解协议?

　　经人民调解委员会调解达成调解协议后,双方当事人认为有必要的,可以自调解协议生效之日起三十日内共同向人民法院申请司法确认,人民法院应当及时对调解协议进行审查,依法确认调解协议的效力。人民法院依法确认调解协议有效,一方当事人拒绝履行或者未全部履行的,对方当事人可以向人民法院申请强制执行。

知 识 链 接

　　人民法院依法确认调解协议无效的,当事人可以通过人民调解方式变更原调解协议或者达成新的调解协议,也可以向人民法院提起诉讼。

第五章 信访工作

47. 什么是信访工作?

信访,是指公民、法人或者其他组织采用书信、电子邮件、传真、电话、走访等形式,向各级人民政府、县级以上人民政府工作部门反映情况,提出建议、意见或者投诉请求,依法由有关行政机关处理的活动。

知识链接

各级人民政府、县级以上人民政府工作部门应当做好信访工作,认真处理来信、接待来访,倾听人民群众的意见、建议和要求,接受人民群众的监督,努力为人民群众服务。各级人民政府、县级以上人民政府工作部门应当畅通信访渠道,为信访人采用本条例规定的形式反映情况,提出建议、意见或者投诉请求提供便利条件。任何组织和个人不得打击报复信访人。

48. 信访工作的机构有哪些?

《信访条例》明确规定,信访工作应当在各级人民政府领导下,坚持属地管理、分级负责,谁主管、谁负责,依法、及时、就地解决问题与疏导教育相结合的原则。

县级以上人民政府应当建立统一领导、部门协调,统筹兼顾、标本兼治,各负其责、齐抓共管的信访工作格局,通过联席会议、建立排查调处机制、建立信访督查工作制度等方式,及时化解矛盾和纠纷。

各级人民政府、县级以上人民政府各工作部门的负责人应当阅批重要来信、接待重要来访、听取信访工作汇报,研究解决信访工作中的突出问题。

县级以上人民政府应当设立信访工作机构;县级以上人民政府工作部门及乡、镇人民政府应当按照有利工作、方便信访人的原则,确定负责信访工作的机构(以下简称"信访工作机构")或者人员,具体负责信访工作。

知识链接

根据《信访条例》,县级以上人民政府信访工作机构是本级人民政府负责信访工作的行政机构,履行下列职责:

(1)受理、交办、转送信访人提出的信访事项。

(2)承办上级和本级人民政府交由处理的信访事项。

(3)协调处理重要信访事项。

(4)督促检查信访事项的处理。

(5)研究、分析信访情况,开展调查研究,及时向本级人民政府提出完善政策和改进工作的建议。

(6)对本级人民政府其他工作部门和下级人民政府信访工作机构的信访工作进行指导。

49. 信访的渠道有哪些？

根据《信访条例》规定：为实现保护自身合法权益的目的，可以通过以下渠道表达信访请求：

（1）信访人可以通过各级人民政府及其工作部门公布的信访工作机构的通信地址、电子信箱、投诉电话，提出投诉请求、查询信访事项处理进展及结果等相关事项。

（2）信访人可以在公布的接待日和接待地点向设区的市级、县级人民政府及其工作部门，乡、镇人民政府的行政机关负责人当面反映信访事项；行政机关负责人或者其指定的人员，可以就信访人反映突出的问题到信访人居住地与信访人面谈沟通。

（3）信访人可以持行政机关出具的投诉请求受理凭证，到当地人民政府的信访工作机构或者有关工作部门的接待场所，通过信访信息系统查询其所提出的投诉请求的办理情况。

知识链接

县级以上各级人民政府的信访工作机构或者有关工作部门应当及时将信访人的投诉请求输入信访信息系统，信访人可以持行政机关出具的投诉请求受理凭证到当地人民政府的信访工作机构或者有关工作部门的接待场所查询其所提出的投诉请求的办理情况。具体实施办法和步骤由省、自治区、直辖市人民政府规定。

设区的市、县两级人民政府可以根据信访工作的实际需要，建立政府主导、社会参与、有利于迅速解决纠纷的工作机制。

信访工作机构应当组织相关社会团体、法律援助机构、相关专业人员、社会志愿者等共同参与,运用咨询、教育、协商、调解、听证等方法,依法、及时、合理处理信访人的投诉请求。

50. 信访人可以对哪些组织、人员提出信访事项?

《信访条例》规定,信访人对下列组织、人员的职务行为反映情况,提出建议、意见,或者不服下列组织、人员的职务行为,可以向有关行政机关提出信访事项:

(1)行政机关及其工作人员。

(2)法律、法规授权的具有管理公共事务职能的组织及其工作人员。

(3)提供公共服务的企业、事业单位及其工作人员。

(4)社会团体或者其他企业、事业单位中由国家行政机关任命、派出的人员。

(5)村民委员会、居民委员会及其成员。

对依法应当通过诉讼、仲裁、行政复议等法定途径解决的投诉请求,信访人应当依照有关法律、行政法规规定的程序向有关机关提出。

知识链接

信访人对各级人民代表大会以及县级以上各级人民代表大会常务委员会、人民法院、人民检察院职权范围内的信访事项,应当分别向有关的人民代表大会及其常务委员会、人民法院、人民检察院提出。

51. 信访人提出信访事项的规定有哪些？

（1）信访人采用走访形式提出信访事项,应当向依法有权处理的本级或者上一级机关提出;信访事项已经受理或者正在办理的,信访人在规定期限内向受理、办理机关的上级机关再提出同一信访事项的,该上级机关不予受理。

（2）信访人提出信访事项,一般应当采用书信、电子邮件、传真等书面形式;信访人提出投诉请求的,还应当载明信访人的姓名（名称）、住址和请求、事实、理由。有关机关对采用口头形式提出的投诉请求,应当记录信访人的姓名（名称）、住址和请求、事实、理由。

（3）信访人采用走访形式提出信访事项的,应当到有关机关设立或者指定的接待场所提出。多人采用走访形式提出共同的信访事项的,应当推选代表,代表人数不得超过 5 人。

知识链接

信访人提出信访事项,应当客观真实,对其所提供材料内容的真实性负责,不得捏造、歪曲事实,不得诬告、陷害他人。另外,信访人在信访过程中应当遵守法律、法规,不得损害国家、社会、集体的利益和其他公民的合法权利,自觉维护社会公共秩序和信访秩序,不得做出违反法律规定的行为。

52.信访工作机构收到信访事项应当如何处理？

县级以上人民政府信访工作机构收到信访事项，应当予以登记，并区分情况，在 15 日内分别按下列方式处理：

（1）对《信访条例》规定的信访事项，应当告知信访人分别向有关的人民代表大会及其常务委员会、人民法院、人民检察院提出。对已经或者依法应当通过诉讼、仲裁、行政复议等法定途径解决的，不予受理，但应当告知信访人依照有关法律、行政法规规定程序向有关机关提出。

（2）对依照法定职责属于本级人民政府或者其工作部门处理决定的信访事项，应当转送有权处理的行政机关；情况重大、紧急的，应当及时提出建议，报请本级人民政府决定。

（3）信访事项涉及下级行政机关或者其工作人员的，按照"属地管理""分级负责""谁主管、谁负责"的原则，直接转送有权处理的行政机关，并抄送下一级人民政府信访工作机构。县级以上人民政府信访工作机构要定期向下一级人民政府信访工作机构通报转送情况，下级人民政府信访工作机构要定期向上一级人民政府信访工作机构报告转送信访事项的办理情况。

（4）对转送信访事项中的重要情况需要反馈办理结果的，可以直接交由有权处理的行政机关办理，要求其在指定办理期限内反馈结果，提交办结报告。有关行政机关应当自收到转送、交办的信访事项之日起 15 日内决定是否受理并书面告知信访人，并按要求通报信访工作机构。

知 识 链 接

公民、法人或者其他组织发现可能造成社会影响的重大、紧急信访事项和信访信息时，可以就近向有关行政机关报告。地方各级人民政府接到报告后,应当立即报告上一级人民政府;必要时,通报有关主管部门。县级以上地方人民政府有关部门接到报告后,应当立即报告本级人民政府和上一级主管部门;必要时,通报有关主管部门。国务院有关部门接到报告后,应当立即报告国务院;必要时,通报有关主管部门。

53. 行政机关办理信访事项的规定有哪些?

(1)行政机关及其工作人员办理信访事项,应当恪尽职守、秉公办事,查明事实、分清责任,宣传法制、教育疏导,及时妥善处理,不得推诿、敷衍、拖延。

(2)信访人反映的情况,提出的建议、意见,有利于行政机关改进工作、促进国民经济和社会发展的,有关行政机关应当认真研究论证并积极采纳。

(3)行政机关工作人员与信访事项或者信访人有直接利害关系的,应当回避。

(4)对信访事项有权处理的行政机关办理信访事项,应当听取信访人陈述事实和理由;必要时可以要求信访人、有关组织和人员说明情况;需要进一步核实有关情况的,可以向其他组织和人员调查。

对重大、复杂、疑难的信访事项,可以举行听证。听证应当公开举行,通过质询、辩论、评议、合议等方式,查明事实,分清责任。听证范围、主持人、参加人、程序等由省、自治区、直辖市人民政府规定。

(5)对信访事项有权处理的行政机关经调查核实,应当依照有关法律、法规、规章及其他有关规定,分别作出以下处理,并书面答复信访人:①请求事实清楚,符合法律、法规、规章或者其他有关规定的,予以支持;

②请求事由合理但缺乏法律依据的,应当对信访人做好解释工作;③请求缺乏事实根据或者不符合法律、法规、规章或者其他有关规定的,不予支持。有权处理的行政机关依照前款第①项作出支持信访请求意见的,应当督促有关机关或者单位执行。

(6)信访事项应当自受理之日起60日内办结;情况复杂的,经本行政机关负责人批准,可以适当延长办理期限,但延长期限不得超过30日,并告知信访人延期理由。法律、行政法规另有规定的,从其规定。

(7)信访人对行政机关作出的信访事项处理意见不服的,可以自收到书面答复之日起30日内请求原办理行政机关的上一级行政机关复查。收到复查请求的行政机关应当自收到复查请求之日起30日内提出复查意见,并予以书面答复。

(8)信访人对复查意见不服的,可以自收到书面答复之日起30日内向复查机关的上一级行政机关请求复核。收到复核请求的行政机关应当自收到复核请求之日起30日内提出复核意见。复核机关可以按照相关规定举行听证,经过听证的复核意见可以依法向社会公示。听证所需时间不计算在前款规定的期限内。信访人对复核意见不服,仍然以同一事实和理由提出投诉请求的,各级人民政府信访工作机构和其他行政机关不再受理。

知识链接

司法行政机关信访工作应当遵循下列原则:①公开便民、公平合理;②属地管理、分级负责,谁主管、谁负责;③实行诉讼、仲裁、行政复议、国家赔偿、法律服务执业投诉与信访相分离;④依法、及时、就地解决问题与疏导教育相结合。此外,司法行政机关应当建立健全联系群众制度,负责人应当通过阅批重要来信、接待重要来访、定期听取信访工作汇报等方式,听取群众意愿,了解社情民意,研究解决信访工作中的突出问题。同时,司法行政机关应当科学、民主决策,依法履行职责,建立健全矛盾纠纷预防和化解机制,开展重大决策社会稳定风险评估,从源头预防导致信访事项的矛盾和纠纷。

54. 信访工作机构督办信访事项的规定有哪些?

(1)《信访条例》规定,县级以上人民政府信访工作机构发现有关行政机关有下列情形之一的,应当及时督办,并提出改进建议:①无正当理由未按规定的办理期限办结信访事项的;②未按规定反馈信访事项办理结果的;③未按规定程序办理信访事项的;④办理信访事项推诿、敷衍、拖延的;⑤不执行信访处理意见的;⑥其他需要督办的情形。收到改进建议的行政机关应当在 30 日内书面反馈情况;未采纳改进建议的,应当说明理由。

(2)县级以上人民政府信访工作机构对于信访人反映的有关政策性问题,应当及时向本级人民政府报告,并提出完善政策、解决问题的建议。

(3)县级以上人民政府信访工作机构对在信访工作中推诿、敷衍、拖延、弄虚作假造成严重后果的行政机关工作人员,可以向有关行政机关提出给予行政处分的建议。

知识链接

县级以上人民政府信访工作机构应当就以下事项向本级人民政府定期提交信访情况分析报告:

(1)受理信访事项的数据统计、信访事项涉及领域以及被投诉较多的机关。

(2)转送、督办情况以及各部门采纳改进建议的情况。

(3)提出的政策性建议及其被采纳情况。

55.关于信访,哪些情形要承担法律责任?

(1)《信访条例》规定,因下列情形之一导致信访事项发生,造成严重后果的,对直接负责的主管人员和其他直接责任人员,依照有关法律、行政法规的规定给予行政处分;构成犯罪的,依法追究刑事责任:①超越或者滥用职权,侵害信访人合法权益的;②行政机关应当作为而不作为,侵害信访人合法权益的;③适用法律、法规错误或者违反法定程序,侵害信访人合法权益的;④拒不执行有权处理的行政机关作出的支持信访请求意见的。

(2)县级以上人民政府信访工作机构对收到的信访事项应当登记、转送、交办而未按规定登记、转送、交办,或者应当履行督办职责而未履行的,由其上级行政机关责令改正;造成严重后果的,对直接负责的主管人员和其他直接责任人员依法给予行政处分。

(3)负有受理信访事项职责的行政机关在受理信访事项过程中违反本条例的规定,有下列情形之一的,由其上级行政机关责令改正;造成严重后果的,对直接负责的主管人员和其他直接责任人员依法给予行政处分:①对收到的信访事项不按规定登记的;②对属于其法定职权范围的信访事项不予受理的;③行政机关未在规定期限内书面告知信访人是否受理信访事项的。

（4）对信访事项有权处理的行政机关在办理信访事项过程中，有下列行为之一的，由其上级行政机关责令改正；造成严重后果的，对直接负责的主管人员和其他直接责任人员依法给予行政处分：①推诿、敷衍、拖延信访事项办理或者未在法定期限内办结信访事项的；②对事实清楚，符合法律、法规、规章或者其他有关规定的投诉请求未予支持的。

（5）行政机关工作人员违反《信访条例》规定，将信访人的检举、揭发材料或者有关情况透露、转给被检举、揭发的人员或者单位的，依法给予行政处分。行政机关工作人员在处理信访事项过程中，作风粗暴，激化矛盾并造成严重后果的，依法给予行政处分。

（6）行政机关及其工作人员违反相关规定，对可能造成社会影响的重大、紧急信访事项和信访信息，隐瞒、谎报、缓报，或者授意他人隐瞒、谎报、缓报，造成严重后果的，对直接负责的主管人员和其他直接责任人员依法给予行政处分；构成犯罪的，依法追究刑事责任。

（7）打击报复信访人，构成犯罪的，依法追究刑事责任；尚不构成犯罪的，依法给予行政处分或者纪律处分。

（8）对违反《信访条例》的信访人，有关国家机关工作人员应当对信访人进行劝阻、批评或者教育。经劝阻、批评和教育无效的，由公安机关予以警告、训诫或者制止；违反集会游行示威的法律、行政法规，或者构成违反治安管理行为的，由公安机关依法采取必要的现场处置措施、给予治安管理处罚；构成犯罪的，依法追究刑事责任。捏造歪曲事实、诬告陷害他人，构成犯罪的，依法追究刑事责任；尚不构成犯罪的，由公安机关依法给予治安管理处罚。

知识链接

司法行政机关应当在信访接待场所、门户网站或者通过其他方式向社会公开信访工作机构的网络信访工作平台、通信地址、电子邮箱、咨询投诉电话、信访接待的时间和地点,本机关信访事项受理范围和办理程序,以及查询信访事项办理进展和结果的方式等相关事项。

司法行政机关应当建立负责人信访接待、处理信访事项制度,由司法行政机关负责人直接协调办理信访事项。司法行政机关负责人或者其指定的人员,可以就信访人反映突出的问题到信访人居住地与信访人面谈沟通。

司法行政机关应当充分利用政务信息网络资源,建立网络信访工作平台,运用信访信息系统,为信访人通过网络提出信访事项、查询信访事项办理情况提供便利,提高信访工作信息化水平。

第六章　突发事件应对

56. 什么是突发事件？

突发事件,是指突然发生,造成或者可能造成严重社会危害,需要采取应急处置措施予以应对的自然灾害、事故灾难、公共卫生事件和社会安全事件。

自然灾害指给人类生存带来危害或损害人类生活环境的自然现象。其主要由自然因素直接导致,包括水旱灾害、气象灾害、地震灾害、地质灾害、海洋灾害、生物灾害和森林草原火灾等。

事故灾难指在人们生产、生活过程中意外发生的,造成大量的人员伤亡、经济损失或环境污染等灾难性后果的事故。其主要由人们无视规则的行为导致,主要包括工矿商贸等企业的各类安全事故、交通运输事故、公共设施和设备事故、环境污染和生态破坏事件等。

公共卫生事件指突然发生,造成或者可能造成社会公众健康严重损害的重大传染病疫情、群体性不明原因疾病、重大食物和职业中毒以及其他严重影响公众健康的事件。其由自然因素和人为因素共同导致,主要包括传染病疫情、群体性不明原因疾病、食品安全和职业危害、动物疫情,以及其他严重影响公众健康和生命安全的事件。

社会安全事件指对社会和国家稳定与发展造成巨大影响,涉及经济方面、政治方面和社会方面的各种突发性的重大事件。其主要由一定的社会问题所诱发,主要包括恐怖袭击事件、经济安全事件、涉外突发事件和突发群体性事件等。

知识链接

突发事件具有如下特点:

(1)突发性、紧急性

突发事件突然爆发,要求立刻做出有效的应急反应,在时间的紧迫性上往往刻不容缓。

(2)不确定性

突发事件发生的时间、地点、方式、规模往往超出人们的心理惯性和社会的常态秩序,其复杂性人无法有效地预测,其变化的规律往往没有经验性知识可供指导,所以针对它的应急组织必须采取非程序化决策。

(3)危害性

突发事件不仅会导致大量人员伤亡和心理健康问题,同时也会造成巨大的财产损失,同时影响经济、政治、军事和文化以及社会安定。此外,还有部分突发事件具有后期效应和远期效应。

(4)衍生性

是指由原生突发事件的产生而导致其他类型突发事件的发生。

(5)扩散性

随着社会进步、现代交通、通信技术的发展,地域和全球一体化进程不断加快,相互之间的依赖性更为突出,使得突发事件造成的影响不再局限于发生地,会通过各种联系引发跨地区的扩散传播,波及其他地域,由此形成更广泛的影响。

除了上述特点外,突发事件还具有社会性。社会性是指突发事件会对社会系统的基本价值观和行为准则构架产生影响,其影响涉及的主体往往是社会公众。

57. 什么是突发事件的分级?

《突发事件应对法》明确规定,按照社会危害程度、影响范围等因素,自然灾害、事故灾难、公共卫生事件分为一般、较大、重大和特别重大四级。

一般(Ⅳ级)突发事件:表示其影响局限在社区和基层范围之内,可被县政府所控制和处置。

较大(Ⅲ级)突发事件:表示其后果严重,影响范围较大,发生在一个县市区以内或波及两个县市区以上,超出县级政府应对能力,需要动用地(州、市)级政府力量方可控制和处置。

重大(Ⅱ级)突发事件:表示其规模大、后果特别严重,发生在一个地(州、市)以内或波及两个地(州、市)以上,需要动用省级政府力量方可控制和处置。

特别重大(Ⅰ级)突发事件:表示其规模极大,后果极其严重,其影响超出本省范围,需要动用全省的力量甚至请求中央政府增援和协助方可控制,其应急处置工作由发生地省级政府统一领导和协调,必要时(超出地方处置能力范围或者影响全国的)由国务院统一领导和协调应急处置工作。

知识链接

处置突发事件时,要明确责任主体,方便专业性、技术性强的突发事件的处置。在处置过程中,要遵循专业处置的原则以避免次生、衍生灾害的发生。救援可以是综合性的,而处置必须体现专业性。突发事件的分类是静态的,但是突发事件的演进却是动态的。各类突发事件之间往往是相互关联、相互渗透的,需要各个部门协同应急、合成应急。

例如,2008 年我国南方低温雨雪冰冻灾害,致灾因素具有突出的连带性、耦合性与叠加性。自然因素导致基础设施瘫痪,进而演化为技术灾难;基础设施因相互依赖而产生互动效应,其影响迅速向全社会扩散,造成社会生产、生活的无序状态,暴露出我国在电煤、防冻等重要物资生产、储备上的严重问题。自然因素引发技术灾难,而技术灾难又放大了自然因素的社会影响,彰显了隐性的社会经济问题。因而,要关注系统性的风险,要以系统眼光来认识突发事件。应急管理在坚持分类管理时,也应提倡部门间的相互协同,从而形成应对突发事件的强大合力,最大程度降低社会危害性。

58. 什么是突发事件应急管理体制?

国家建立统一领导、综合协调、分类管理、分级负责、属地管理为主的应急管理体制。国务院在总理领导下研究、决定和部署特别重大突发事件的应对工作;根据实际需要,设立国家突发事件应急指挥机构,负责突发事件应对工作;必要时,国务院可以派出工作组指导有关工作。县级以上地方各级人民政府设立由本级人民政府主要负责人、相关部门负责人、驻当地中国人民解放军和中国人民武装警察部队有关负责人组成的突发事件应急指挥机构,统一领导、协调本级人民政府各有关部门和下级人民政府开展突发事件应对工作;根据实际需要,设立相关类别突发事件应急指挥机构,组织、协调、指挥突发事件应对工作。上级人民政府主管部门应当在各自职责范围内,指导、协助下级人民政府及其相应部门做好有关突发事件的应对工作。

县级人民政府对本行政区域内突发事件的应对工作负责;涉及两个以上行政区域的,由有关行政区域共同的上一级人民政府负责,或者由各有关行政区域的上一级人民政府共同负责。突发事件发生后,发生地县级人民政府应当立即采取措施控制事态发展,组织开展应急救援和处置工作,并立即向上一级人民政府报告,必要时可以越级上报。突发事件发生地县级人民政府不能消除或者不能有效控制突发事件引起的严重社会危害的,应当及时向上级人民政府报告。上级人民政府应当及时采取措施,统一领导应急处置工作。

知识链接

应急管理是对突发事件的全过程管理,根据突发事件的预防、预警、发生和善后四个发展阶段,应急管理可分为预防与应急准备、监测与预警、应急处置与救援、事后恢复与重建四个过程。应急管理又是一个动态管理,包括预防、预警、响应和恢复四个阶段,均体现在管理突发事件的各个阶段。应急管理还是个完整的系统工程,可经概括为"一案三制",即突发事件应急预案,应急机制、体制和法制。

59. 突发事件的应对原则有哪些?

突发事件应对工作实行预防为主、预防与应急相结合的原则。国家建立重大突发事件风险评估体系,对可能发生的突发事件进行综合性评估,减少重大突发事件的发生,最大限度地减轻重大突发事件的影响。

知识链接

处置突发事件的主要环节如下:①接警与初步研判;②先期处置;

③启动应急预案；④现场指挥与协调；⑤抢险救援；⑥扩大应急；⑦信息沟通；⑧临时恢复；⑨应急救援行动结束；⑩调查评估。

60. 突发事件预防与应急准备工作主要包括哪些内容？

(1)建立健全突发事件应急预案体系。应急预案是指各级人民政府及其部门、基层组织、企事业单位、社会团体等为依法、迅速、科学、有序应对突发事件，最大限度减少突发事件及其造成的损害而预先制订的工作方案。地方各级人民政府和县级以上地方各级人民政府有关部门根据有关法律、法规、规章、上级人民政府及其有关部门的应急预案以及本地区的实际情况，制定相应的突发事件应急预案。应急预案制定机关应当根据实际需要和情势变化，适时修订应急预案。应急预案的制定、修订程序由国务院规定。应急预案应当根据本法和其他有关法律、法规的规定，针对突发事件的性质、特点和可能造成的社会危害，具体规定突发事件应急管理工作的组织指挥体系与职责和突发事件的预防与预警机制、处置程序、应急保障措施以及事后恢复与重建措施等内容。县级以上地方各级人民政府按照本法规定登记的危险源、危险区域，应当按照国家规定及时向社会公布。应急预案管理遵循统一规划、分类指导、分级负责、动态管理的原则。

(2)建立健全安全管理制度，定期检查本单位各项安全防范措施的落实情况，及时消除事故隐患；掌握并及时处理本单位存在的可能引发社会安全事件的问题，防止矛盾激化和事态扩大；对本单位可能发生的突发事件和采取安全防范措施的情况，应当按照规定及时向所在地人民政府或者人民政府有关部门报告。

(3)建立健全突发事件应急管理培训制度,对人民政府及其有关部门负有处置突发事件职责的工作人员定期进行培训。中国人民解放军、中国人民武装警察部队和民兵组织应当有计划地组织开展应急救援的专门训练。县级人民政府及其有关部门、乡级人民政府、街道办事处应当组织开展应急知识的宣传普及活动和必要的应急演练。居民委员会、村民委员会、企业事业单位应当根据所在地人民政府的要求,结合各自的实际情况,开展有关突发事件应急知识的宣传普及活动和必要的应急演练。新闻媒体应当无偿开展突发事件预防与应急、自救与互救知识的公益宣传。各级各类学校应当把应急知识教育纳入教学内容,对学生进行应急知识教育,培养学生的安全意识和自救与互救能力。

(4)建立健全应急物资储备保障制度,完善重要应急物资的监管、生产、储备、调拨和紧急配送体系。设区的市级以上人民政府和突发事件易发、多发地区的县级人民政府应当建立应急救援物资、生活必需品和应急处置装备的储备制度。县级以上地方各级人民政府应当根据本地区的实际情况,与有关企业签订协议,保障应急救援物资、生活必需品和应急处置装备的生产、供给。

(5)建立健全应急通信保障体系,完善公用通信网,建立有线与无线相结合、基础电信网络与机动通信系统相配套的应急通信系统,确保突发事件应对工作的通信畅通。

(6)整合应急资源。人民政府有关部门可以根据实际需要设立专业应急救援队伍。县级以上人民政府及其有关部门可以建立由成年志愿者组成的应急救援队伍。单位应当建立由本单位职工组成的专职或兼职应急救援队伍。县级以上人民政府应当加强专业应急救援队伍与非专业应急救援队伍的合作,联合培训、联合演练,提高合成应急、协同应急的能力。同时,国家鼓励公民、法人和其他组织为人民政府应对突发事件工作提供物资、资金、技术支持和捐赠。国家发展保险事业,建立国家财政支持的巨灾风险保险体系,并鼓励单位和公民参加保险。国家鼓励、扶持具备相应条件的教学科研机构培养应急管理专门人才,鼓励、扶持教学科研机构和有关企业研究开发用于突发事件预防、监测、预警、应急处置与救援的新技术、新设备和新工具。

知识链接

预防与应急准备是防患于未然的阶段,也是应对突发事件最重要的时期。这个时期的主要任务是防范和阻止突发事件的发生,建立应急预案体系,建立预防机制,对危险源及区域进行调查、登记、风险评估并定期检查、监控,加强全民教育,建立高素质的应急救援队伍,确立应急保障制度。

61. 突发事件监测与预警工作主要包括哪些内容?

(1)建立全国统一的突发事件信息系统

县级以上地方各级人民政府应当建立或者确定本地区统一的突发事件信息系统,汇集、储存、分析、传输有关突发事件的信息,并与上级人民政府及其有关部门、下级人民政府及其有关部门、专业机构和监测网点的突发事件信息系统实现互联互通,加强跨部门、跨地区的信息交流与情报合作。县级以上人民政府及其有关部门、专业机构应当通过多种途径收集突发事件信息。县级人民政府应当在居民委员会、村民委员会和有关单位建立专职或者兼职信息报告员制度。获悉突发事件信息的公民、法人或者其他组织,应当立即向所在地人民政府、有关主管部门或者指定的专业机构报告。地方各级人民政府应当按照国家有关规定向上级人民政府报送突发事件信息。

(2)建立健全突发事件监测制度

县级以上人民政府及其有关部门应当根据自然灾害、事故灾难和公共卫生事件的种类和特点,建立健全基础信息数据库,完善监测网络,划分监测区域,确定监测点,明确监测项目,提供必要的设备、设施,配备专职或者兼职人员,对可能发生的突发事件进行监测。

(3)建立健全突发事件预警制度

自然灾害、事故灾难和公共卫生事件的预警级别,按照突发事件发生的紧急程度、发展势态和可能造成的危害程度分为一级、二级、三级和四级,分别用红色、橙色、黄色和蓝色标示,一级为最高级别。

知识链接

监测与预警是预防与应急准备时期的工作延伸。该时期的主要任务是把突发事件控制在特定类型以及特定的区域内,早发现、早报告、早预警,及时做好应急准备,有效处置突发事件,建立监测制度、机制,建立预警机制,尽可能控制事态发展。

在监测与预警方面,对于自然因素或者自然因素与人为因素交互作用引发的突发事件,主要通过观测仪器、装备和技术获取相关资料数据,根据监测情况,结合事件发生的历史规律进行综合分析,对事件爆发的可能性、强度、范围作出判断、评估、统计和科研,并将评估结论告知社会公众,增强公众的危机意识,及时做好防范准备。

62. 突发事件应急处置与救援工作的重点有哪些?

突发事件发生后,履行统一领导职责或者组织处置突发事件的人民政府应当针对其性质、特点和危害程度,立即组织有关部门,调动应急救援队伍和社会力量,依照有关规定采取应急处置措施。自然灾害、事故灾难或者公共卫生事件发生后,履行统一领导职责的人民政府可以采取下列一项或者多项应急处置措施:

(1)组织营救和救治受害人员,疏散、撤离并妥善安置受到威胁的人员以及采取其他救助措施。

(2)迅速控制危险源,标明危险区域,封锁危险场所,划定警戒区,实行交通管制以及其他控制措施。

(3)立即抢修被损坏的交通、通信、供水、排水、供电、供气、供热等公共设施,向受到危害的人员提供避难场所和生活必需品,实施医疗救护和卫生防疫以及其他保障措施。

(4)禁止或者限制使用有关设备、设施,关闭或者限制使用有关场所,中止人员密集的活动或者可能导致危害扩大的生产经营活动以及采取其他保护措施。

(5)启用本级人民政府设置的财政预备费和储备的应急救援物资,必要时调用其他急需物资、设备、设施、工具。

(6)组织公民参加应急救援和处置工作,要求具有特定专长的人员提供服务。

(7)保障食品、饮用水、燃料等基本生活必需品的供应。

(8)依法从严惩处囤积居奇、哄抬物价、制假售假等扰乱市场秩序的行为,稳定市场价格,维护市场秩序。

（9）依法从严惩处哄抢财物、干扰破坏应急处置工作等扰乱社会秩序的行为，维护社会治安。

（10）采取防止发生次生、衍生事件的必要措施。

社会安全事件发生后，组织处置工作的人民政府应当立即组织有关部门并由公安机关针对事件的性质和特点，依照《突发事件应对法》有关规定，采取下列一项或者多项应急处置措施：

（1）强制隔离使用器械相互对抗或者以暴力行为参与冲突的当事人，妥善解决现场纠纷和争端，控制事态发展。

（2）对特定区域内的建筑物、交通工具、设备、设施以及燃料、燃气、电力、水的供应进行控制。

（3）封锁有关场所、道路，查验现场人员的身份证件，限制有关公共场所内的活动。

（4）加强对易受冲击的核心机关和单位的警卫，在国家机关、军事机关、国家通讯社、广播电台、电视台、外国驻华使领馆等单位附近设置临时警戒线。

（5）法律、行政法规和国务院规定的其他必要措施。严重危害社会治安秩序的事件发生时，公安机关应当立即依法出动警力，根据现场情况依法采取相应的强制性措施，尽快使社会秩序恢复正常。

发生突发事件，严重影响国民经济正常运行时，国务院或者国务院授权的有关主管部门可以采取保障、控制等必要的应急措施，保障人民群众的基本生活需要，最大限度地减轻突发事件的影响。

履行统一领导职责或者组织处置突发事件的人民政府，必要时可以向单位和个人征用应急救援所需设备、设施、场地、交通工具和其他物资，请求其他地方人民政府提供人力、物力、财力或者技术支持，要求生产、供应生活必需品和应急救援物资的企业组织生产、保证供给，要求提供医疗、交通等公共服务的组织提供相应的服务。

履行统一领导职责或者组织处置突发事件的人民政府,应当组织协调运输经营单位,优先运送处置突发事件所需物资、设备、工具、应急救援人员和受到突发事件危害的人员。

履行统一领导职责或者组织处置突发事件的人民政府,应当按照有关规定统一、准确、及时发布有关突发事件事态发展和应急处置工作的信息。任何单位和个人不得编造、传播有关突发事件事态发展或者应急处置工作的虚假信息。

突发事件发生地的公民应当服从人民政府、居民委员会、村民委员会或者所属单位的指挥和安排,配合人民政府采取的应急处置措施,积极参加应急救援工作,协助维护社会秩序。

知 识 链 接

应急处置与救援应坚持以下原则:

(1)以人为本,安全第一原则

要始终坚持以人为本、生命至上,把保障人民群众生命财产安全,最大限度地预防和减少突发事件所造成的损失作为首要任务。

(2)统一领导,分级负责原则

在相关单位领导统一组织下,发挥各职能部门作用,逐级落实安全生产责任,建立完善的突发事件应急管理机制。

(3)依靠科学,依法规范原则

科学技术是第一生产力,利用现代科学技术,发挥专业技术人员作用,依照行业安全生产法规,规范应急救援工作。

(4)预防为主,平战结合原则

认真贯彻落实安全第一,预防为主,综合治理的基本方针,坚持突发事件应急与预防工作相结合,重点做好预防、预测、预警、预报和常态下风险评估、应急准备、应急队伍建设、应急演练等项工作,确保应急预案的科学性、权威性、规范性和可操作性。

63.突发事件事后恢复与重建工作主要包括哪些内容?

突发事件得到解决后,其事后恢复与重建的主要内容包括以下三个方面:

(1)突发事件的威胁和危害得到控制或者消除后,履行统一领导职责或者组织处置突发事件的人民政府应当停止执行依照本法规定采取的应急处置措施,同时采取或者继续实施必要措施,防止发生自然灾害、事故灾难、公共卫生事件的次生、衍生事件或者重新引发社会安全事件。

(2)突发事件应急处置工作结束后,履行统一领导职责的人民政府应当立即组织对突发事件造成的损失进行评估,组织受影响地区尽快恢复生产、生活、工作和社会秩序,制定恢复重建计划,并向上一级人民政府报告。受突发事件影响地区的人民政府应当及时组织和协调公安、交通、铁路、民航、邮电、建设等有关部门恢复社会治安秩序,尽快修复被损坏的交通、通信、供水、排水、供电、供气、供热等公共设施。

(3)受突发事件影响地区的人民政府开展恢复重建工作需要上一级人民政府支持的,可以向上一级人民政府提出请求。上一级人民政府应当根据受影响地区遭受的损失和实际情况,提供资金、物资支持和技术指导,组织其他地区提供资金、物资和人力支援。

知识链接

事后恢复与重建是应急处置与救援时期的另一种延伸。应急处置与救援工作结束后,并不代表突发事件应对过程的结束,而是缓解、善后工作的延伸。这个时期的主要任务是减低应急措施的强度并尽快恢复生产、生活、工作和社会的正常秩序,妥善解决处置突发事件过程中引发的矛盾和纠纷。同时,对整个事件处理过程进行调查评估并总结经验,提出改进的措施。突发事件一旦被控制,迅速挽回事件所造成的损失就成为事后恢复与重建的首要工作,但在恢复工作前必须分析事件产生的影响和后果,进而制定出有针对性的恢复计划,并处理好实体重建、心理重建、资源重建等问题。

64. 关于突发事件,哪些情形要承担法律责任?

地方各级人民政府和县级以上各级人民政府有关部门违反《突发事件应对法》规定,不履行法定职责的,由其上级行政机关或者监察机关责令改正;有下列情形之一的,根据情节对直接负责的主管人员和其他直接责任人员依法给予处分:

(1)未按规定采取预防措施,导致发生突发事件,或者未采取必要的防范措施,导致发生次生、衍生事件的。

(2)迟报、谎报、瞒报、漏报有关突发事件的信息,或者通报、报送、公布虚假信息,造成后果的。

(3)未按规定及时发布突发事件警报、采取预警期的措施,导致损害发生的。

(4)未按规定及时采取措施处置突发事件或者处置不当,造成后果的。

(5)不服从上级人民政府对突发事件应急处置工作的统一领导、指挥和协调的。

(6)未及时组织开展生产自救、恢复重建等善后工作的。

(7)截留、挪用、私分或者变相私分应急救援资金、物资的。

(8)不及时归还征用的单位和个人的财产,或者对被征用财产的单位和个人不按规定给予补偿的。

有关单位有下列情形之一的,由所在地履行统一领导职责的人民政府责令停产停业,暂扣或者吊销许可证或者营业执照,并处五万元以上二十万元以下的罚款;构成违反治安管理行为的,由公安机关依法给予处罚:

(1)未按规定采取预防措施,导致发生严重突发事件的。

(2)未及时消除已发现的可能引发突发事件的隐患,导致发生严重突发事件的。

(3)未做好应急设备、设施日常维护、检测工作,导致发生严重突发事件或者突发事件危害扩大的。

(4)突发事件发生后,不及时组织开展应急救援工作,造成严重后果的。

上述规定的行为,其他法律、行政法规规定由人民政府有关部门依法决定处罚的,从其规定。违反法律规定,编造并传播有关突发事件事态发展或者应急处置工作的虚假信息,或者明知是有关突发事件事态发展或者应急处置工作的虚假信息而进行传播的,责令改正,给予警告;造成严重后果的,依法暂停其业务活动或者吊销其执业许可证;负有直接责任的人员是国家工作人员的,还应当对其依法给予处分;构成违反治安管理行为的,由公安机关依法给予处罚。

知识链接

单位或者个人违反法律规定,不服从所在地人民政府及其有关部门发布的决定、命令或者不配合其依法采取的措施,构成违反治安管理行为的,由公安机关依法给予处罚。单位或者个人违反法律规定,导致突发事件发生或者危害扩大,给他人人身、财产造成损害的,应当依法承担民事责任。构成犯罪的,依法追究刑事责任。

第七章 社区矫正

65.社区矫正法规的立法目的和依据有哪些?

为了推进和规范社区矫正工作,保障刑事判决、刑事裁定和暂予监外执行决定的正确执行,提高教育矫正质量,促进社区矫正对象顺利融入社会,预防和减少犯罪。根据宪法,制定《中华人民共和国社区矫正法》。

知识链接

社区矫正是贯彻党的宽严相济刑事政策,推进国家治理体系和治理能力建设的重要制度,对符合条件的罪犯,依法实行社区矫正,对这些人员进行监督管理、教育帮扶,促其在一个社会化、开放的环境下顺利回归社会,有利于化解消极因素,缓和社会矛盾,维护社会稳定,推动社会主义平安建设发展。

66.社区矫正法规的适用范围有哪些?

《中华人民共和国社区矫正法》规定:对被判处管制、宣告缓刑、假释和暂予监外执行的罪犯,依法实行社区矫正。对社区矫正对象的监督管理、教育帮扶等活动,适用本法。

知识链接

　　教育帮扶,是指要不断完善教育帮扶的措施方法,加强思想教育、法治教育、社会道德教育,组织参加公益活动,加强就业技能培训和就业指导,开展丰富多样的帮扶活动,促使其顺利回归社会,成为守法公民。

67. 社区矫正法规的基本原则有哪些?

　　《中华人民共和国社区矫正法》规定:社区矫正工作坚持监督管理与教育帮扶相结合,专门机关与社会力量相结合,采取分类管理、个别化矫正,有针对性地消除社区矫正对象可能重新犯罪的因素,帮助其成为守法公民。

知识链接

　　社区矫正是在开放的社会环境下,在不影响社区矫正对象正常工作、生活的前提下开展的监督管理和教育帮扶活动,仅靠专门机关的力量是很难实现社区矫正的目的。只有将专门机关与社会力量有机结合起来,发挥各自的特长和优势,相互补充,形成整体合力,才能将社区矫正工作搞好,实现社区矫正工作的目标。

68. 社区矫正对象的权利与义务有哪些?

《中华人民共和国社区矫正法》规定:社区矫正对象应当依法接受社区矫正,服从监督管理。社区矫正工作应当依法进行,尊重和保障人权。社区矫正对象依法享有的人身权利、财产权利和其他权利不受侵犯,在就业、就学和享受社会保障等方面不受歧视。

知识链接

社区矫正的措施和方法应当避免对社区矫正对象的正常工作和生活造成不必要的影响;非依法律规定,不得限制或者变相限制社区矫正对象的人身自由。社区矫正机构须严格保密矫正对象的身份信息、位置信息和个人隐私。

69. 社区矫正法规的支持与保障有哪些?

《中华人民共和国社区矫正法》规定:国家支持社区矫正机构提高信息化水平,运用现代信息技术开展监督管理和教育帮扶。社区矫正工作相关部门之间依法进行信息共享。各级人民政府应当将社区矫正经费列入本级政府预算。居民委员会、村民委员会和其他社会组织依法协助社区矫正机构开展工作所需的经费应当按照规定列入社区矫正机构本级政府预算。

知识链接

除了上述规定外,我国对社区矫正工作表现优秀的相关单位或个人实行奖励制度,其规定如下:对在社区矫正工作中做出突出贡献的组织、个人,按照国家有关规定给予表彰、奖励。

70. 社区矫正委员会及各方职责有哪些?

《中华人民共和国社区矫正法》规定:国务院司法行政部门主管全国的社区矫正工作。县级以上地方人民政府司法行政部门主管本行政区域内的社区矫正工作。人民法院、人民检察院、公安机关和其他有关部门依照各自职责,依法做好社区矫正工作。人民检察院依法对社区矫正工作实行法律监督。地方人民政府根据需要设立社区矫正委员会,负责统筹协调和指导本行政区域内的社区矫正工作。

知识链接

司法行政机关向社区矫正委员会报告社区矫正工作开展情况,提请社区矫正委员会协调解决社区矫正工作中的问题。

71. 司法行政部门、司法所与社区矫正机构的联系是怎样的?

县级以上地方人民政府根据需要设置社区矫正机构,负责社区矫正工作的具体实施。社区矫正机构的设置和撤销,由县级以上地方人民政府司法行政部门提出意见,按照规定的权限和程序审批。司法所根据社区矫正机构的委托,承担社区矫正相关工作。

知识链接

社区矫正机构是指对社区矫正人员进行监督管理和教育帮助的组织。具体为县级司法行政机关。司法所(县级司法行政机关在乡镇街道的派出机构)承担社区矫正日常工作,社会工作者和志愿者在社区矫正机构的组织指导下参与社区矫正工作。

72. 社区矫正机构的工作人员有哪些?

社区矫正机构应当配备具有法律等专业知识的专门国家工作人员(以下称社区矫正机构工作人员),履行监督管理、教育帮扶等执法职责。

社区矫正机构根据需要,组织具有法律、教育、心理、社会工作等专业知识或者实践经验的社会工作者开展社区矫正相关工作。

居民委员会、村民委员会依法协助社区矫正机构做好社区矫正工作。社区矫正对象的监护人、家庭成员,所在单位或者就读学校应当协助社区矫正机构做好社区矫正工作。

国家鼓励、支持企业事业单位、社会组织、志愿者等社会力量依法参与社区矫正工作。

知识链接

根据《中华人共和国社区矫正法》规定,社区矫正机构工作人员应履行以下职责:

(1)社区矫正机构工作人员应当严格遵守宪法和法律,忠于职守,严守纪律,清正廉洁。

(2)社区矫正机构工作人员和其他参与社区矫正工作的人员依法开展社区矫正工作,受法律保护。

此外,国家推进高素质的社区矫正工作队伍建设。社区矫正机构应当加强对社区矫正工作人员的管理、监督、培训和职业保障,不断提高社区矫正工作的规范化、专业化水平。

73. 社区矫正的决定和接收的规定有哪些?

(1)社区矫正决定

①社区矫正决定机关判处管制、宣告缓刑、裁定假释、决定或者批准暂予监外执行时应当确定社区矫正执行地。社区矫正执行地为社区矫正对象的居住地。社区矫正对象在多个地方居住的,可以确定经常居住地为执行地。社区矫正对象的居住地、经常居住地无法确定或者不适宜执行社区矫正的,社区矫正决定机关应当根据有利于社区矫正对象接受矫正、更好地融入社会的原则,确定执行地。社区矫正决定机关,是指依法判处管制、宣告缓刑、裁定假释、决定暂予监外执行的人民法院和依法批准暂予监外执行的监狱管理机关、公安机关。

②社区矫正决定机关根据需要,可以委托社区矫正机构或者有关社会组织对被告人或者罪犯的社会危险性和对所居住社区的影响,进行调查评估,提出意见,供决定社区矫正时参考。居民委员会、村民委员会等组织应当提供必要的协助。

③社区矫正决定机关判处管制、宣告缓刑、裁定假释、决定或者批准暂予监外执行,应当按照刑法、刑事诉讼法等法律规定的条件和程序进

行。社区矫正决定机关应当对社区矫正对象进行教育,告知其在社区矫正期间应当遵守的规定以及违反规定的法律后果,责令其按时报到。

④社区矫正决定机关应当自判决、裁定或者决定生效之日起五日内通知执行地社区矫正机构,并在十日内送达有关法律文书,同时抄送人民检察院和执行地公安机关。社区矫正决定地与执行地不同的,由执行地社区矫正机构将法律文书转送所在地的人民检察院、公安机关。

(2)社区矫正接收

①人民法院判处管制、宣告缓刑、裁定假释的社区矫正对象,应当自判决、裁定生效之日起十日内到执行地社区矫正机构报到。

②人民法院决定暂予监外执行的社区矫正对象,由看守所或者执行取保候审、监视居住的公安机关自收到决定之日起十日内将社区矫正对象移送社区矫正机构。

③监狱管理机关、公安机关批准暂予监外执行的社区矫正对象,由监狱或者看守所自收到批准决定之日起十日内将社区矫正对象移送社区矫正机构。

④社区矫正机构应当依法接收社区矫正对象,核对法律文书、核实身份、办理接收登记、建立档案,并宣告社区矫正对象的犯罪事实、执行社区矫正的期限以及应当遵守的规定。

知识链接

《中华人民共和国社区矫正法实施办法》规定:对拟适用社区矫正的,社区矫正决定机关应当核实社区矫正对象的居住地。社区矫正对象在多个地方居住的,可以确定经常居住地为执行地。没有居住地,居住地、经常居住地无法确定或者不适宜执行社区矫正的,应当根据有利于社区矫正对象接受矫正、更好地融入社会的原则,确定社区矫正执行地。被确定为执行地的社区矫正机构应当及时接收。

74. 社区矫正监督管理的规定有哪些？

（1）社区矫正对象在社区矫正期间应当遵守法律、行政法规，履行判决、裁定、暂予监外执行决定等法律文书确定的义务，遵守国务院司法行政部门关于报告、会客、外出、迁居、保外就医等监督管理规定，服从社区矫正机构的管理。

（2）社区矫正机构应当根据裁判内容和社区矫正对象的性别、年龄、心理特点、健康状况、犯罪原因、犯罪类型、犯罪情节、悔罪表现等情况，制定有针对性的矫正方案，实现分类管理、个别化矫正。矫正方案应当根据社区矫正对象的表现等情况相应调整。

（3）社区矫正机构应当根据社区矫正对象的情况，为其确定矫正小组，负责落实相应的矫正方案。根据需要，矫正小组可以由司法所、居民委员会、村民委员会的人员，社区矫正对象的监护人、家庭成员，所在单位或者就读学校的人员以及社会工作者、志愿者等组成。社区矫正对象为女性的，矫正小组中应有女性成员。

（4）社区矫正机构应当了解掌握社区矫正对象的活动情况和行为表现。社区矫正机构可以通过通信联络、信息化核查、实地查访等方式核实有关情况，有关单位和个人应当予以配合。社区矫正机构开展实地查访等工作时，应当保护社区矫正对象的身份信息和个人隐私。

（5）社区矫正对象离开所居住的市、县或者迁居，应当报经社区矫正机构批准。社区矫正机构对于有正当理由的，应当批准；对于因正常工作和生活需要经常性跨市、县活动的，可以根据情况，简化批准程序和方式。因社区矫正对象迁居等原因需要变更执行地的，社区矫正机构应当按照有关规定作出变更决定。社区矫正机构作出变更决定后，应当通知社区矫正决定机关和变更后的社区矫正机构,并将有关法律文书抄送变更后的社区矫正机构。变更后的社区矫正机构应当将法律文书转送所在地的人民检察院、公安机关。

(6)社区矫正机构根据社区矫正对象的表现,依照有关规定对其实施考核奖惩。社区矫正对象认罪悔罪、遵守法律法规、服从监督管理、接受教育表现突出的,应当给予表扬。社区矫正对象违反法律法规或者监督管理规定的,应当视情节依法给予训诫、警告、提请公安机关予以治安管理处罚,或者依法提请撤销缓刑、撤销假释、对暂予监外执行的收监执行。对社区矫正对象的考核结果,可以作为认定其是否确有悔改表现或者是否严重违反监督管理规定的依据。

(7)社区矫正对象有下列情形之一的,经县级司法行政部门负责人批准,可以使用电子定位装置,加强监督管理:①违反人民法院禁止令的;②无正当理由,未经批准离开所居住的市、县的;③拒不按照规定报告自己的活动情况,被给予警告的;④违反监督管理规定,被给予治安管理处罚的;⑤拟提请撤销缓刑、假释或者暂予监外执行收监执行的。

使用电子定位装置的期限不得超过三个月。对于不需要继续使用的,应当及时解除;对于期限届满后,经评估仍有必要继续使用的,经过批准,期限可以延长,每次不得超过三个月。社区矫正机构对通过电子定位装置获得的信息应当严格保密,有关信息只能用于社区矫正工作,不得用于其他用途。

(8)社区矫正对象失去联系的,社区矫正机构应当立即组织查找,公安机关等有关单位和人员应当予以配合协助。查找到社区矫正对象后,应当区别情形依法作出处理。

(9)社区矫正机构发现社区矫正对象正在实施违反监督管理规定的行为或者违反人民法院禁止令等违法行为的,应当立即制止;制止无效的,应当立即通知公安机关到场处置。

(10)社区矫正对象有被依法决定拘留、强制隔离戒毒、采取刑事强制措施等限制人身自由情形的,有关机关应当及时通知社区矫正机构。

(11)社区矫正对象符合刑法规定的减刑条件的,社区矫正机构应当向社区矫正执行地的中级以上人民法院提出减刑建议,并将减刑建议书抄送同级人民检察院。人民法院应当在收到社区矫正机构的减刑建议书后三十日内作出裁定,并将裁定书送达社区矫正机构,同时抄送人民检察院、公安机关。

(12)开展社区矫正工作,应当保障社区矫正对象的合法权益。社区矫正的措施和方法应当避免对社区矫正对象的正常工作和生活造成不必要的影响;非依法律规定,不得限制或者变相限制社区矫正对象的人身自由。社区矫正对象认为其合法权益受到侵害的,有权向人民检察院或者有关机关申诉、控告和检举。受理机关应当及时办理,并将办理结果告知申诉人、控告人和检举人。

知识链接

社区矫正可以有效预防犯罪人员到监狱中受到犯罪行为交叉感染的危险,而且,在社区服刑矫正,因他们每天生活在社区中,其他人可以亲眼看到他们的改造和转变,在感情上容易接受和宽容他们,有利于减少犯罪人对立情绪,使其尽快融入社会,减少重新犯罪几率。对罪行较轻、社会危害不大的罪犯放在社区进行教育改造,这是一项标本兼治的刑罚执行措施,有利于争取社会公众对国家刑罚活动的理解和支持,修复社会裂痕,解决社会问题,最大限度地化消极因素为积极因素,保持社会的和谐稳定,促进社会平稳发展。

574

75. 社区矫正教育帮扶的规定有哪些？

（1）县级以上地方人民政府及其有关部门应当通过多种形式为教育帮扶社区矫正对象提供必要的场所和条件，组织动员社会力量参与教育帮扶工作。有关人民团体应当依法协助社区矫正机构做好教育帮扶工作。

（2）社区矫正机构根据需要，对社区矫正对象进行法治、道德等教育，增强其法治观念，提高其道德素质和悔罪意识。对社区矫正对象的教育应当根据其个体特征、日常表现等实际情况，充分考虑其工作和生活情况，因人施教。

（3）社区矫正机构可以协调有关部门和单位，依法对就业困难的社区矫正对象开展职业技能培训、就业指导，帮助社区矫正对象中的在校学生完成学业。

（4）居民委员会、村民委员会可以引导志愿者和社区群众，利用社区资源，采取多种形式，对有特殊困难的社区矫正对象进行必要的教育帮扶。

（5）社区矫正对象的监护人、家庭成员，所在单位或者就读学校应当协助社区矫正机构做好对社区矫正对象的教育。

（6）社区矫正机构可以通过公开择优购买社区矫正社会工作服务或者其他社会服务，为社区矫正对象在教育、心理辅导、职业技能培训、社会关系改善等方面提供必要的帮扶。社区矫正机构也可以通过项目委托社会组织等方式开展上述帮扶活动。国家鼓励有经验和资源的社会组织跨地区开展帮扶交流和示范活动。

（7）国家鼓励企业事业单位、社会组织为社区矫正对象提供就业岗位和职业技能培训。招用符合条件的社区矫正对象的企业，按照规定享受国家优惠政策。

(8)社区矫正机构可以根据社区矫正对象的个人特长,组织其参加公益活动,修复社会关系,培养社会责任感。

(9)社区矫正对象可以按照国家有关规定申请社会救助、参加社会保险、获得法律援助,社区矫正机构应当给予必要的协助。

知识链接

为切实做好社区矫正教育帮扶工作,确保社区矫正教育帮扶质量,必须充分运用网络手段,整合社会各类资源,统一规划教育帮扶标准,应从以下两方面入手:

一是要充分利用网络手段实施教育帮扶活动。社区矫正教育帮扶的对象居住分散,资源配送和教学活动组织都是难以落实的任务。而在互联网的支持下,学习资源的传递和教学服务的提供都可以轻松实现,并且可根据需求的不同提供个性化服务。

二是要充分利用社会资源实施教育帮扶活动。社区矫正的教育帮扶,对象多、难度大,要保证质量,不是司法行政部门一家能够完成的。

76.社区矫正解除和终止的情形有哪些?

(1)社区矫正解除

社区矫正对象矫正期满或者被赦免的,社区矫正机构应当向社区矫正对象发放解除社区矫正证明书,并通知社区矫正决定机关、所在地的人民检察院、公安机关。

(2)社区矫正终止

社区矫正对象被裁定撤销缓刑、假释,被决定收监执行,或者社区矫正对象死亡的,社区矫正终止。

(3)撤销缓刑、假释的规定

①社区矫正对象具有刑法规定的撤销缓刑、假释情形的,应当由人民法院撤销缓刑、假释。对于在考验期限内犯新罪或者发现判决宣告以前还有其他罪没有判决的,应当由审理该案件的人民法院撤销缓刑、假释,并书面通知原审人民法院和执行地社区矫正机构。社区矫正机构提出撤销缓刑、假释建议时,应当说明理由,并提供有关证据材料。

②被提请撤销缓刑、假释的社区矫正对象可能逃跑或者可能发生社会危险的,社区矫正机构可以在提出撤销缓刑、假释建议的同时,提请人民法院决定对其予以逮捕。人民法院应当在四十八小时内作出是否逮捕的决定。决定逮捕的,由公安机关执行。逮捕后的羁押期限不得超过三十日。

③人民法院应当在收到社区矫正机构撤销缓刑、假释建议书后三十日内作出裁定,将裁定书送达社区矫正机构和公安机关,并抄送人民检察院。人民法院拟撤销缓刑、假释的,应当听取社区矫正对象的申辩及其委托的律师的意见。人民法院裁定撤销缓刑、假释的,公安机关应当

及时将社区矫正对象送交监狱或者看守所执行。

(4)暂予监外执行社区矫正对象的收监

暂予监外执行的社区矫正对象具有刑事诉讼法规定的应当予以收监情形的,社区矫正机构应当向执行地或者原社区矫正决定机关提出收监执行建议,并将建议书抄送人民检察院。社区矫正决定机关应当在收到建议书后三十日内作出决定,将决定书送达社区矫正机构和公安机关,并抄送人民检察院。人民法院、公安机关对暂予监外执行的社区矫正对象决定收监执行的,由公安机关立即将社区矫正对象送交监狱或者看守所收监执行。监狱管理机关对暂予监外执行的社区矫正对象决定收监执行的,监狱应当立即将社区矫正对象收监执行。

被裁定撤销缓刑、假释和被决定收监执行的社区矫正对象的追捕。被裁定撤销缓刑、假释和被决定收监执行的社区矫正对象逃跑的,由公安机关追捕,社区矫正机构、有关单位和个人予以协助。

知识链接

社区矫正对象在社区矫正期间死亡的,其监护人、家庭成员应当及时向社区矫正机构报告。社区矫正机构应当及时通知社区矫正决定机关、所在地的人民检察院、公安机关。

77. 未成年人社区矫正的特别规定有哪些?

(1)未成年人社区矫正方案

社区矫正机构应当根据未成年社区矫正对象的年龄、心理特点、发育需要、成长经历、犯罪原因、家庭监护教育条件等情况,采取针对性的矫正措施。社区矫正机构为未成年社区矫正对象确定矫正小组,应当吸收熟悉未成年人身心特点的人员参加。对未成年人的社区矫正,应当与成年人分别进行。

(2)未成年人社区矫正对象监护人责任

未成年社区矫正对象的监护人应当履行监护责任,承担抚养、管教等义务。监护人怠于履行监护职责的,社区矫正机构应当督促、教育其履行监护责任。监护人拒不履行监护职责的,通知有关部门依法作出处理。

(3)未成年人社区矫正对象信息管理

社区矫正机构工作人员和其他依法参与社区矫正工作的人员对履行职责过程中获得的未成年人身份信息应当予以保密。

(4)未成年人社区矫正对象就学就业规定

对未完成义务教育的未成年社区矫正对象,社区矫正机构应当通知并配合教育部门为其完成义务教育提供条件。未成年社区矫正对象的监护人应当保证其完成义务教育。年满十六周岁的社区矫正对象有就业意愿的,社区矫正机构可以协调有关部门和单位为其提供职业技能培训,给予就业指导和帮助。

(5)未成年人社区矫正的社会参与

共产主义青年团、妇女联合会、未成年人保护组织应当依法协助社区矫正机构做好未成年人社区矫正工作。国家鼓励其他未成年人相关社会组织参与未成年人社区矫正工作,依法给予政策支持。

(6)未成年人社区矫正对象的非歧视规定

未成年社区矫正对象在复学、升学、就业等方面依法享有与其他未成年人同等的权利,任何单位和个人不得歧视。有歧视行为的,应当由教育、人力资源和社会保障等部门依法作出处理。未成年社区矫正对象在社区矫正期间年满十八周岁的,继续按照未成年人社区矫正有关规定执行。

知识链接

除司法机关办案需要或者有关单位根据国家规定查询外,未成年社区矫正对象的档案信息不得提供给任何单位或者个人。依法进行查询的单位,应当对获得的信息予以保密。

78. 社区矫正对象承担的法律责任有哪些?

社区矫正对象在社区矫正期间有违反监督管理规定行为的,由公安机关依照《中华人民共和国治安管理处罚法》的规定给予处罚;具有撤销缓刑、假释或者暂予监外执行收监情形的,应当依法作出处理。

社区矫正对象殴打、威胁、侮辱、骚扰、报复社区矫正机构工作人员和其他依法参与社区矫正工作的人员及其近亲属,构成犯罪的,依法追究刑事责任;尚不构成犯罪的,由公安机关依法给予治安管理处罚。

知识链接

社区矫正对象在接受社区矫正期间,应当遵守以下规定:

(1)遵守国家法律、法规、规章和有关管理规定。

(2)积极参加社区矫正机构举行的集中教育活动和公益服务。

(3)定期向社区矫正工作机构报告思想、活动情况。

(4)迁居或离开所居住区域时需经县级社区矫正工作机构批准。

(5)接受社区矫正,服从监督管理。

79. 社区矫正机构工作人员承担刑事责任的情形有哪些?

社区矫正机构工作人员和其他国家工作人员有下列行为之一的,应当给予处分;构成犯罪的,依法追究刑事责任:

(1)利用职务或者工作便利索取、收受贿赂的。

(2)不履行法定职责的。

(3)体罚、虐待社区矫正对象,或者违反法律规定限制或者变相限制社区矫正对象的人身自由的。

(4)泄露社区矫正工作秘密或者其他依法应当保密的信息的。

(5)对依法申诉、控告或者检举的社区矫正对象进行打击报复的。

(6)有其他违纪违法行为的。

知识链接

社区矫正机构工作人员应履行以下职责:

(1)根据上级有关要求以及矫正对象的具体实际,制订社区矫正工作计划。

(2)按照社区矫正工作流程的相关规定,接收矫正对象,办好有关衔接手续。

(3)根据矫正对象的实际情况,制订教育矫正方案。对矫正对象实施法制教育、公益劳动和培训学习等日常监督管理。

(4)根据矫正对象的考核情况,按照规定提请对其进行行政奖惩。指导社会志愿者对矫正对象实施教育矫正活动,适时开展"一帮一""一带一"等社会帮教活动,充分利用社会和亲情力量,提高矫正教育质量。

(5)积极开展调研活动,收集管理社区矫正个案。同时加强与社区公安民警、社会志愿者以及其他力量的协调配合,提升工作效率。

第八章 禁毒

80. 什么是毒品？

《中华人民共和国禁毒法》（以下简称《禁毒法》）规定：毒品是指鸦片、海洛因、甲基苯丙胺（冰毒）、吗啡、大麻、可卡因，以及国家规定管制的其他能够使人形成瘾癖的麻醉药品和精神药品。

《禁毒法》明确规定，禁毒是为了预防和惩治毒品违法犯罪行为，保护公民身心健康，维护社会秩序。

知识链接

吸毒严重损害个人身体健康，破坏家庭关系，同时诱发各种犯罪，影响社会稳定。吸毒不仅不会创造任何积极意义上的社会财富，而且严重损耗社会财富，纯粹是一种恶性消费。另外，吸毒还会污染社会风气。吸毒者失去正常人应有的道德观念、伦理准则和是非标准，自私、冷漠、精神空虚、人格低下，毫无自我约束能力，沉溺于毒品感官刺激之中，严重败坏社会风气，腐蚀人的灵魂，破坏社会道德，摧毁民族精神。

81. 禁毒主体及方针有哪些？

(1)禁毒主体。禁毒是全社会的共同责任。国家机关、社会团体、企业事业单位以及其他组织和公民,应当依照《禁毒法》和有关法律的规定,履行禁毒职责或者义务。

(2)禁毒方针。禁毒工作实行预防为主,综合治理,禁种、禁制、禁贩、禁吸并举的方针。

知识链接

禁毒是指预防和惩治毒品违法犯罪行为,保护公民身心健康,维护社会秩序的工作。或者说,运用行政法令和群众监督的力量,促使吸食或注射鸦片和代用麻醉剂者戒绝瘾癖,限制和取缔种植、收贮、制造、运输、贩卖毒品和毒具行为的一项社会风俗改造工作。

82. 禁毒机制及组织有哪些？

(1)禁毒机制。禁毒工作实行政府统一领导,有关部门各负其责,社会广泛参与的工作机制。

(2)禁毒组织。国务院设立国家禁毒委员会,负责组织、协调、指导全国的禁毒工作。县级以上地方各级人民政府根据禁毒工作的需要,可以设立禁毒委员会,负责组织、协调、指导本行政区域内的禁毒工作。

知识链接

国家禁毒委员会的主要职责如下：

(1)负责研究确定禁毒工作的战略、方针、政策和措施,统一领导全国范围内的禁毒工作。

(2)协调涉及中华人民共和国国务院各部门有关禁毒工作的重大问题,按照分工充分发挥各部门的职能作用。

(3)检查督导各省、自治区、直辖市和国务院各部门禁毒工作的规划和执行情况。

(4)在国家对外方针政策指导下,负责与联合国禁毒机构及其他国际禁毒机构的联系,代表政府进行禁毒国际合作。

(5)研究有关禁毒工作的人力、财力、装备的统筹安排,促进改善禁毒执法部门的工作条件。

(6)负责向国务院报告禁毒工作。

各省、自治区、直辖市和国务院有关部门需每季度向禁毒委员会提供有关禁毒工作的情况。禁毒委办公室负责提出经财政部核准的地方禁毒补助费的分配方案,会同财政部审核下达,此项经费必须专款专用,不得挪用。

83. 禁毒宣传教育的主要内容有哪些?

(1)国家禁毒宣传教育

国家采取各种形式开展全民禁毒宣传教育,普及毒品预防知识,增强公民的禁毒意识,提高公民自觉抵制毒品的能力。国家鼓励公民、组织开展公益性的禁毒宣传活动。

（2）各级政府及相关组织禁毒宣传教育

各级人民政府应当经常组织开展多种形式的禁毒宣传教育。工会、共产主义青年团、妇女联合会应当结合各自工作对象的特点，组织开展禁毒宣传教育。

（3）各相关部门禁毒宣传教育

教育行政部门、学校应当将禁毒知识纳入教育、教学内容，对学生进行禁毒宣传教育。公安机关、司法行政部门和卫生行政部门应当予以协助。新闻、出版、文化、广播、电影、电视等有关单位，应当有针对性地面向社会进行禁毒宣传教育。飞机场、火车站、长途汽车站、码头以及旅店、娱乐场所等公共场所的经营者、管理者，负责本场所的禁毒宣传教育，落实禁毒防范措施，预防毒品违法犯罪行为在本场所内发生。国家机关、社会团体、企业事业单位以及其他组织，应当加强对本单位人员的禁毒宣传教育。居民委员会、村民委员会应当协助人民政府以及公安机关等部门，加强禁毒宣传教育，落实禁毒防范措施。

（4）对未成年人的禁毒宣传教育

未成年人的父母或者其他监护人应当对未成年人进行毒品危害的教育，防止其吸食、注射毒品或者进行其他毒品违法犯罪活动。

知识链接

禁毒宣传教育是指通过各种途径让人们了解和认识造成毒品问题的基本因素和有关知识，揭示毒品对个人、对家庭、对社会的巨大危害，提高全民尤其是青少年认知毒品、拒绝毒品的能力，从而构筑全社会防范毒品侵袭的有效体系。禁毒的关键在于唤起民众。中国把提高全民禁毒意识作为一项治本之策和战略任务，在全体国民中广泛深入地开展禁毒宣传教育。

84. 关于原植物种植管制的规定有哪些?

(1)国家对麻醉药品药用原植物种植实行管制。禁止非法种植罂粟、古柯植物、大麻植物以及国家规定管制的可以用于提炼加工毒品的其他原植物。禁止走私或者非法买卖、运输、携带、持有未经灭活的毒品原植物种子或者幼苗。地方各级人民政府发现非法种植毒品原植物的,应当立即采取措施予以制止、铲除。村民委员会、居民委员会发现非法种植毒品原植物的,应当及时予以制止、铲除,并向当地公安机关报告。

(2)国家确定的麻醉药品药用原植物种植企业,必须按照国家有关规定种植麻醉药品药用原植物。国家确定的麻醉药品药用原植物种植企业的提取加工场所,以及国家设立的麻醉药品储存仓库,列为国家重点警戒目标。

知识链接

未经许可,擅自进入国家确定的麻醉药品药用原植物种植企业的提取加工场所或者国家设立的麻醉药品储存仓库等警戒区域的,由警戒人员责令其立即离开;拒不离开的,强行带离现场。

85. 关于麻醉药品、精神药品及易制毒
化学品管制的规定有哪些?

(1)国家对麻醉药品和精神药品实行管制,对麻醉药品和精神药品的实验研究、生产、经营、使用、储存、运输实行许可和查验制度。国家对

易制毒化学品的生产、经营、购买、运输实行许可制度。禁止非法生产、买卖、运输、储存、提供、持有、使用麻醉药品、精神药品和易制毒化学品。

（2）国家对麻醉药品、精神药品和易制毒化学品的进口、出口实行许可制度。国务院有关部门应当按照规定的职责，对进口、出口麻醉药品、精神药品和易制毒化学品依法进行管理。禁止走私麻醉药品、精神药品和易制毒化学品。

（3）发生麻醉药品、精神药品和易制毒化学品被盗、被抢、丢失或者其他流入非法渠道的情形，案发单位应当立即采取必要的控制措施，并立即向公安机关报告，同时依照规定向有关主管部门报告。公安机关接到报告后，或者有证据证明麻醉药品、精神药品和易制毒化学品可能流入非法渠道的，应当及时开展调查，并可以对相关单位采取必要的控制措施。药品监督管理部门、卫生行政部门以及其他有关部门应当配合公安机关开展工作。

知 识 链 接

禁止非法传授麻醉药品、精神药品和易制毒化学品的制造方法。公安机关接到举报或者发现非法传授麻醉药品、精神药品和易制毒化学品制造方法的，应当及时依法查处。

86. 参与毒品查缉的相关部门和机关有哪些？

（1）公安机关

公安机关根据查缉毒品的需要，可以在边境地区、交通要道、口岸以及飞机场、火车站、长途汽车站、码头对来往人员、物品、货物以及交通工具进行毒品和易制毒化学品检查,民航、铁路、交通部门应当予以配合。

（2）海关

海关应当依法加强对进出口岸的人员、物品、货物和运输工具的检查,防止走私毒品和易制毒化学品。

（3）邮政企业

邮政企业应当依法加强对邮件的检查,防止邮寄毒品和非法邮寄易制毒化学品。

（4）娱乐场所

娱乐场所应当建立巡查制度,发现娱乐场所内有毒品违法犯罪活动的,应当立即向公安机关报告。

（5）反洗钱行政主管部门

反洗钱行政主管部门应当依法加强对可疑毒品犯罪资金的监测。反洗钱行政主管部门和其他依法负有反洗钱监督管理职责的部门、机构发现涉嫌毒品犯罪的资金流动情况,应当及时向侦查机关报告,并配合侦查机关做好侦查、调查工作。

知 识 链 接

对依法查获的毒品,吸食、注射毒品的用具,毒品违法犯罪的非法所得及其收益,以及直接用于实施毒品违法犯罪行为的本人所有的工具、设备、资金,应当收缴,依照规定处理。

87. 如何认定吸毒成瘾？

2016 年 11 月,公安部通过了《关于修改〈吸毒检测程序规定〉的决定》及《关于修改《〈吸毒成瘾认定办法〉的决定》。其中,前者自 2017 年 1 月 1 日起施行,后者于 2017 年 4 月 1 日起施行。

《吸毒成瘾认定办法》规定,吸毒成瘾,是指吸毒人员因反复使用毒品而导致的慢性复发性脑病,表现为不顾不良后果、强迫性寻求及使用毒品的行为,同时伴有不同程度的个人健康及社会功能损害。

吸毒成瘾认定,是指公安机关或者其委托的戒毒医疗机构通过对吸毒人员进行人体生物样本检测、收集其吸毒证据或者根据生理、心理、精神的症状、体征等情况,判断其是否成瘾以及是否成瘾严重的工作。

吸毒人员同时具备以下情形的,公安机关认定其吸毒成瘾:①经人体生物样本检测证明其体内含有毒品成份;②有证据证明其有使用毒品行为;③有戒断症状或者有证据证明吸毒史,包括曾经因使用毒品被公安机关查处或者曾经进行自愿戒毒等情形。

知识链接

吸毒成瘾人员具有下列情形之一的,公安机关认定其吸毒成瘾严重:

(1)曾经被责令社区戒毒、强制隔离戒毒(含《禁毒法》实施以前被强制戒毒或者劳教戒毒)、社区康复或者参加过戒毒药物维持治疗,再次吸食、注射毒品的。

(2)有证据证明其采取注射方式使用毒品或者多次使用两类以上毒品的。

(3)有证据证明其使用毒品后伴有聚众淫乱、自伤自残或者暴力侵犯他人人身、财产安全等行为的。

88. 关于社区戒毒的规定有哪些?

社区戒毒是指吸毒成瘾人员在社区的牵头、监管下,整合家庭、社区、公安以及卫生、民政等力量和资源,使吸毒人员在社区里实现戒毒。关于社区戒毒,《禁毒法》有以下规定:

(1)对吸毒成瘾人员,公安机关可以责令其接受社区戒毒,同时通知吸毒人员户籍所在地或者现居住地的城市街道办事处、乡镇人民政府。社区戒毒的期限为三年。

(2)戒毒人员应当在户籍所在地接受社区戒毒;在户籍所在地以外的现居住地有固定住所的,可以在现居住地接受社区戒毒。

(3)城市街道办事处、乡镇人民政府负责社区戒毒工作。城市街道办事处、乡镇人民政府可以指定有关基层组织,根据戒毒人员本人和家庭情况,与戒毒人员签订社区戒毒协议,落实有针对性的社区戒毒措施。公安机关和司法行政、卫生行政、民政等部门应当对社区戒毒工作提供指导和协助。

(4)城市街道办事处、乡镇人民政府,以及县级人民政府劳动行政部门对无职业且缺乏就业能力的戒毒人员,应当提供必要的职业技能培训、就业指导和就业援助。

(5)接受社区戒毒的戒毒人员应当遵守法律、法规,自觉履行社区戒毒协议,并根据公安机关的要求,定期接受检测。对违反社区戒毒协议的戒毒人员,参与社区戒毒的工作人员应当进行批评、教育;对严重违反社区戒毒协议或者在社区戒毒期间又吸食、注射毒品的,应当及时向公安机关报告。

知识链接

　　社区戒毒要充分发挥禁毒志愿者的积极作用。禁毒志愿者作为最庞大的禁毒工作群体,是社区戒毒的中坚力量。他们时常与社区戒毒、社区康复人员谈心交流,可以为戒毒者解决生活困难,提供帮助,让吸毒者尽快走出吸毒阴影。家常式的交流、全方位的帮扶,有助于稳定吸毒者的心理,也让吸毒者看到生活的曙光。戒毒者的高复吸率一直是禁毒工作中的一大难题,禁毒志愿者能够在日常生活中有效监督戒毒者是否复吸,必要时,可以及时疏导吸毒者的心理,杜绝吸毒者日后复吸的可能。在开展社区戒毒的工作中,各种社区戒毒活动都需要禁毒志愿者的积极参与和协助。禁毒志愿者广泛参与社区戒毒,是禁毒工作取得良好效果的有力保障。

89. 自愿戒毒及戒毒医疗机构的要求有哪些?

　　《禁毒法》规定,吸毒人员可以自行到具有戒毒治疗资质的医疗机构接受戒毒治疗。

　　设置戒毒医疗机构或者医疗机构从事戒毒治疗业务的,应当符合国务院卫生行政部门规定的条件,报所在地的省、自治区、直辖市人民政府卫生行政部门批准,并报同级公安机关备案。

　　戒毒治疗应当遵守国务院卫生行政部门制定的戒毒治疗规范,接受卫生行政部门的监督检查。戒毒治疗不得以营利为目的。戒毒治疗的药品、医疗器械和治疗方法不得做广告。戒毒治疗收取费用的,应当按照省、自治区、直辖市人民政府价格主管部门会同卫生行政部门制定的收费标准执行。

　　医疗机构根据戒毒治疗的需要,可以对接受戒毒治疗的戒毒人员进行身体和所携带物品的检查;对在治疗期间有人身危险的,可以采取必要的临时保护性约束措施。发现接受戒毒治疗的戒毒人员在治疗期间吸食、注射毒品的,医疗机构应当及时向公安机关报告。

90. 强制隔离戒毒的情形有哪些?

　　吸毒成瘾人员有下列情形之一的,由县级以上人民政府公安机关作出强制隔离戒毒的决定:①拒绝接受社区戒毒的;②在社区戒毒期间吸食、注射毒品的;③严重违反社区戒毒协议的;④经社区戒毒、强制隔离戒毒后再次吸食、注射毒品的。

　　对于吸毒成瘾严重,通过社区戒毒难以戒除毒瘾的人员,公安机关可以直接作出强制隔离戒毒的决定。吸毒成瘾人员自愿接受强制隔离戒毒的,经公安机关同意,可以进入强制隔离戒毒场所戒毒。怀孕或者正在哺乳自己不满一周岁婴儿的妇女吸毒成瘾的,不适用强制隔离戒毒。不满十六周岁的未成年人吸毒成瘾的,可以不适用强制隔离戒毒。

　　公安机关对吸毒成瘾人员决定予以强制隔离戒毒的,应当制作强制隔离戒毒决定书,在执行强制隔离戒毒前送达被决定人,并在送达后二十四小时以内通知被决定人的家属、所在单位和户籍所在地公安派出所;被决定人不讲真实姓名、住址,身份不明的,公安机关应当自查清其

身份后通知。被决定人对公安机关作出的强制隔离戒毒决定不服的,可以依法申请行政复议或者提起行政诉讼。

91. 关于社区康复的规定有哪些?

(1)对于被解除强制隔离戒毒的人员,强制隔离戒毒的决定机关可以责令其接受不超过三年的社区康复。社区康复参与关于社区戒毒的规定实施。

(2)县级以上地方各级人民政府根据戒毒工作的需要,可以开办戒毒康复场所;对社会力量依法开办的公益性戒毒康复场所应当给予扶持,提供必要的便利和帮助。戒毒人员可以自愿在戒毒康复场所生活、劳动。戒毒康复场所组织戒毒人员参加生产劳动的,应当参照国家劳动用工制度的规定支付劳动报酬。

(3)公安机关、司法行政部门对被依法拘留、逮捕、收监执行刑罚以及被依法采取强制性教育措施的吸毒人员,应当给予必要的戒毒治疗。

(4)省、自治区、直辖市人民政府卫生行政部门会同公安机关、药品监督管理部门依照国家有关规定,根据巩固戒毒成果的需要和本行政区域艾滋病流行情况,可以组织开展戒毒药物维持治疗工作。

知识链接

戒毒人员在入学、就业、享受社会保障等方面不受歧视。有关部门、组织和人员应当在入学、就业、享受社会保障等方面对戒毒人员给予必要的指导和帮助。

第九章　治安管理处罚

92. 治安管理处罚的种类有哪些?

治安管理处罚,是指我国公安机关依照治安管理法规对扰乱社会秩序,妨害公共安全,侵犯公民人身权利,侵犯公私财产,情节轻微尚不够刑事处罚的违法行为所实施的行政处罚。

《治安管理处罚法》规定,治安管理处罚的种类分为:警告;罚款;行政拘留;吊销公安机关发放的许可证。对违反治安管理的外国人,可以附加适用限期出境或者驱逐出境。

知识链接

我国治安管理处罚具有以下四个特点:

(1)从处罚主体看,我国治安管理处罚实行"一元制"的处罚体制,我国治安管理处罚权集中由公安机关行使。

(2)从处罚程序看,我国治安管理处罚完全采用行政处理程序。

(3)从制裁角度看,我国治安管理处罚属于中间制裁。我国的治安管理处罚作为较重的一种行政处罚,与刑罚有着密切关系。在我国法定的制裁手段体系中,治安管理处罚属于中间制裁。

(4)从处罚的强制性看,我国治安管理处罚具有警察强制性。

93. 治安管理处罚的适用范围有哪些?

《治安管理处罚法》对治安管理处罚的适用从部分特别人员及单位违反治安管理两方面进行了规定。

(1)部分特别人员违法治安管理的适用

已满十四周岁不满十八周岁的人违反治安管理的,从轻或者减轻处罚;不满十四周岁的人违反治安管理的,不予处罚,但是应当责令其监护人严加管教。

精神病人在不能辨认或者不能控制自己行为的时候违反治安管理的,不予处罚,但是应当责令其监护人严加看管和治疗。间歇性的精神病人在精神正常的时候违反治安管理的,应当给予处罚。

盲人或者又聋又哑的人违反治安管理的,可以从轻、减轻或者不予处罚。

醉酒的人违反治安管理的,应当给予处罚。醉酒的人在醉酒状态中,对本人有危险或者对他人的人身、财产或者公共安全有威胁的,应当对其采取保护性措施约束至酒醒。

有两种以上违反治安管理行为的,分别决定,合并执行。行政拘留处罚合并执行的,最长不超过二十日。

共同违反治安管理的,根据违反治安管理行为人在违反治安管理行为中所起的作用,分别处罚。教唆、胁迫、诱骗他人违反治安管理的,按照其教唆、胁迫、诱骗的行为处罚。

(2)单位违反治安管理的适用

单位违反治安管理的,对其直接负责的主管人员和其他直接责任人员依照本法的规定处罚。其他法律、行政法规对同一行为规定给予单位处罚的,依照其规定处罚。

(3)减轻处罚或不予处罚、从重处罚的情形

违法治安管理有下列情形之一的,减轻处罚或者不予处罚:①情节特别轻微的;②主动消除或者减轻违法后果,并取得被侵害人谅解的;③出于他人胁迫或者诱骗的;④主动投案,向公安机关如实陈述自己的违法行为的;⑤有立功表现的。

违反治安管理有下列情形之一的,从重处罚:①有较严重后果的;②教唆、胁迫、诱骗他人违反治安管理的;③对报案人、控告人、举报人、证人打击报复的;④六个月内曾受过治安管理处罚的。

违反治安管理行为人有下列情形之一,依照本法应当给予行政拘留处罚的,不执行行政拘留处罚:①已满十四周岁不满十六周岁的;②已满十六周岁不满十八周岁,初次违反治安管理的;③七十周岁以上的;④怀孕或者哺乳自己不满一周岁婴儿的。

知识链接

违反治安管理行为在六个月内没有被公安机关发现的,不再处罚。上述条款规定的期限,从违反治安管理行为发生之日起计算;违反治安管理行为有连续或者继续状态的,从行为终了之日起计算。

94. 关于治安管理处罚调查的规定有哪些?

(1)公安机关对报案、控告、举报或者违反治安管理行为人主动投案,以及其他行政主管部门、司法机关移送的违反治安管理案件,应当及时受理,并进行登记。

(2)公安机关受理报案、控告、举报、投案后,认为属于违反治安管理行为的,应当立即进行调查;认为不属于违反治安管理行为的,应当告知报案人、控告人、举报人、投案人,并说明理由。

(3)公安机关及其人民警察对治安案件的调查,应当依法进行。严禁刑讯逼供或者采用威胁、引诱、欺骗等非法手段收集证据。以非法手段收集的证据不得作为处罚的根据。

(4)公安机关及其人民警察在办理治安案件时,对涉及的国家秘密、商业秘密或者个人隐私,应当予以保密。

(5)人民警察在办理治安案件过程中,遇有下列情形之一的,应当回避;违反治安管理行为人、被侵害人或者其法定代理人也有权要求他们回避:①是本案当事人或者当事人的近亲属的;②本人或者其近亲属与本案有利害关系的;③与本案当事人有其他关系,可能影响案件公正处理的。人民警察的回避,由其所属的公安机关决定;公安机关负责人的回避,由上一级公安机关决定。

(6)需要传唤违反治安管理行为人接受调查的,经公安机关办案部门负责人批准,使用传唤证传唤。对现场发现的违反治安管理行为人,人民警察经出示工作证件,可以口头传唤,但应当在询问笔录中注明。公安机关应当将传唤的原因和依据告知被传唤人。对无正当理由不接受传唤或者逃避传唤的人,可以强制传唤。

(7)对违反治安管理行为人,公安机关传唤后应当及时询问查证,询问查证的时间不得超过八小时;情况复杂,依照本法规定可能适用行政拘留处罚的,询问查证的时间不得超过二十四小时。公安机关应当及时将传唤的原因和处所通知被传唤人家属。

(8)询问笔录应当交被询问人核对;对没有阅读能力的,应当向其宣读。记载有遗漏或者差错的,被询问人可以提出补充或者更正。被询问人确认笔录无误后,应当签名或者盖章,询问的人民警察也应当在笔录上签名。被询问人要求就被询问事项自行提供书面材料的,应当准许;必要时,人民警察也可以要求被询问人自行书写。询问不满十六周岁的违反治安管理行为人,应当通知其父母或者其他监护人到场。

(9)人民警察询问被侵害人或者其他证人,可以到其所在单位或者住处进行;必要时,也可以通知其到公安机关提供证言。人民警察在公安机关以外询问被侵害人或者其他证人,应当出示工作证件。

(10)询问聋哑的违反治安管理行为人、被侵害人或者其他证人,应当有通晓手语的人提供帮助,并在笔录上注明。询问不通晓当地通用的语言文字的违反治安管理行为人、被侵害人或者其他证人,应当配备翻译人员,并在笔录上注明。

(11)公安机关对与违反治安管理行为有关的场所、物品、人身可以进行检查。检查时,人民警察不得少于二人,并应当出示工作证件和县级以上人民政府公安机关开具的检查证明文件。对确有必要立即进行检查的,人民警察经出示工作证件,可以当场检查,但检查公民住所应当出示县级以上人民政府公安机关开具的检查证明文件。检查妇女的身体,应当由女性工作人员进行。

(12)检查的情况应当制作检查笔录,由检查人、被检查人和见证人签名或者盖章;被检查人拒绝签名的,人民警察应当在笔录上注明。

(13)公安机关办理治安案件,对与案件有关的需要作为证据的物品,可以扣押;对被侵害人或者善意第三人合法占有的财产,不得扣押,应当予以登记。对与案件无关的物品,不得扣押。对扣押的物品,应当会同在场见证人和被扣押物品持有人查点清楚,当场开列清单一式二份,由调查人员、见证人和持有人签名或者盖章,一份交给持有人,另一份附卷备查。对扣押的物品,应当妥善保管,不得挪作他用;对不宜长期保存的物品,按照有关规定处理。经查明与案件无关的,应当及时退还;经核实属于他人合法财产的,应当登记后立即退还;满六个月无人对该财产主张权利或者无法查清权利人的,应当公开拍卖或者按照国家有关规定处理,所得款项上缴国库。

(14)为了查明案情,需要解决案件中有争议的专门性问题的,应当指派或者聘请具有专门知识的人员进行鉴定;鉴定人鉴定后,应当写出鉴定意见,并且签名。

知识链接

治安管理处罚的基本原则如下:

(1)治安管理处罚必须以事实为依据,与违反治安管理行为的性质、情节以及社会危害程度相当。

(2)实施治安管理处罚,应当公开、公正,尊重和保障人权,保护公民的人格尊严。

(3)办理治安案件应当坚持教育与处罚相结合的原则。

95.关于治安管理处罚决定的规定有哪些?

(1)治安管理处罚由县级以上人民政府公安机关决定;其中警告、五百元以下的罚款可以由公安派出所决定。

(2)对决定给予行政拘留处罚的人,在处罚前已经采取强制措施限制人身自由的时间,应当折抵。限制人身自由一日,折抵行政拘留一日。

(3)公安机关查处治安案件,对没有本人陈述,但其他证据能够证明案件事实的,可以作出治安管理处罚决定。但是,只有本人陈述,没有其他证据证明的,不能作出治安管理处罚决定。

(4)公安机关作出治安管理处罚决定前,应当告知违反治安管理行为人作出治安管理处罚的事实、理由及依据,并告知违反治安管理行为人依法享有的权利。违反治安管理行为人有权陈述和申辩。公安机关必须充分听取违反治安管理行为人的意见,对违反治安管理行为人提出的事实、理由和证据,应当进行复核;违反治安管理行为人提出的事实、理由或者证据成立的,公安机关应当采纳。公安机关不得因违反治安管理行为人的陈述、申辩而加重处罚。

(5)治安案件调查结束后,公安机关应当根据不同情况,分别作出以下处理:①确有依法应当给予治安管理处罚的违法行为的,根据情节轻重及具体情况,作出处罚决定;②依法不予处罚的,或者违法事实不能成立的,作出不予处罚决定;③违法行为已涉嫌犯罪的,移送主管机关依法追究刑事责任;④发现违反治安管理行为人有其他违法行为的,在对违反治安管理行为作出处罚决定的同时,通知有关行政主管部门处理。

(6)公安机关作出治安管理处罚决定的,应当制作治安管理处罚决定书。决定书应当载明下列内容:①被处罚人的姓名、性别、年龄、身份证件的名称和号码、住址;②违法事实和证据;③处罚的种类和依据;④处罚的执行方式和期限;⑤对处罚决定不服,申请行政复议、提起行政诉讼的途径和期限;⑥作出处罚决定的公安机关的名称和作出决定的日期。决定书应当由作出处罚决定的公安机关加盖印章。公安机关应当向被处罚人宣告治安管理处罚决定书,并当场交付被处罚人;无法当场向被处罚人宣告的,应当在二日内送达被处罚人。

(7)公安机关作出吊销许可证以及处二千元以上罚款的治安管理处罚决定前,应当告知违反治安管理行为人有权要求举行听证;违反治安管理行为人要求听证的,公安机关应当及时依法举行听证。

（8）公安机关办理治安案件的期限，自受理之日起不得超过三十日；案情重大、复杂的，经上一级公安机关批准，可以延长三十日。为了查明案情进行鉴定的期间，不计入办理治安案件的期限。

（9）违反治安管理行为事实清楚，证据确凿，处警告或者二百元以下罚款的，可以当场作出治安管理处罚决定。

（10）当场作出治安管理处罚决定的，人民警察应当向违反治安管理行为人出示工作证件，并填写处罚决定书。处罚决定书应当当场交付被处罚人；有被侵害人的，并将决定书副本抄送被侵害人。前款规定的处罚决定书，应当载明被处罚人的姓名、违法行为、处罚依据、罚款数额、时间、地点以及公安机关名称，并由经办的人民警察签名或者盖章。当场作出治安管理处罚决定的，经办的人民警察应当在二十四小时内报所属公安机关备案。

知识链接

被当场处罚时，如果被处罚人对治安管理处罚决定不服的，可以依法申请行政复议或者提起行政诉讼。

96. 关于治安管理处罚执行的规定有哪些？

（1）对被决定给予行政拘留处罚的人，由作出决定的公安机关送达拘留所执行。

（2）受到罚款处罚的人应当自收到处罚决定书之日起十五日内，到指定的银行缴纳罚款。但是，有下列情形之一的，人民警察可以当场收缴罚款：①被处五十元以下罚款，被处罚人对罚款无异议的；②在边远、水上、交通不便地区,公安机关及其人民警察依照本法的规定作出罚款决定后,被处罚人向指定的银行缴纳罚款确有困难,经被处罚人提出的;③被处罚人在当地没有固定住所,不当场收缴事后难以执行的。

(3)人民警察当场收缴的罚款,应当自收缴罚款之日起二日内,交至所属的公安机关;在水上、旅客列车上当场收缴的罚款,应当自抵岸或者到站之日起二日内,交至所属的公安机关;公安机关应当自收到罚款之日起二日内将罚款缴付指定的银行。

(4)人民警察当场收缴罚款的,应当向被处罚人出具省、自治区、直辖市人民政府财政部门统一制发的罚款收据;不出具统一制发的罚款收据的,被处罚人有权拒绝缴纳罚款。

(5)被处罚人不服行政拘留处罚决定,申请行政复议、提起行政诉讼的,可以向公安机关提出暂缓执行行政拘留的申请。公安机关认为暂缓执行行政拘留不致发生社会危险的,由被处罚人或者其近亲属提出符合本法相关规定条件的担保人,或者按每日行政拘留二百元的标准交纳保证金,行政拘留的处罚决定暂缓执行。

(6)担保人应当符合下列条件:①与本案无牵连;②享有政治权利,人身自由未受到限制;③在当地有常住户口和固定住所;④有能力履行担保义务。

(7)担保人应当保证被担保人不逃避行政拘留处罚的执行。担保人不履行担保义务,致使被担保人逃避行政拘留处罚的执行的,由公安机关对其处三千元以下罚款。

知识链接

被决定给予行政拘留处罚的人交纳保证金,暂缓行政拘留后,逃避行政拘留处罚的执行的,保证金予以没收并上缴国库,已经作出的行政拘留决定仍应执行。

行政拘留的处罚决定被撤销,或者行政拘留处罚开始执行的,公安机关收取的保证金应当及时退还交纳人。

97. 公安机关及其人民警察办理治安案件的要求有哪些?

公安机关及其人民警察办理治安案件时的主要要求如下:

(1)公安机关及其人民警察应当依法、公正、严格、高效办理治安案件,文明执法,不得徇私舞弊。

(2)公安机关及其人民警察办理治安案件,禁止对违反治安管理行为人打骂、虐待或者侮辱。

(3)公安机关及其人民警察办理治安案件,应当自觉接受社会和公民的监督。公安机关及其人民警察办理治安案件,不严格执法或者有违法违纪行为的,任何单位和个人都有权向公安机关或者人民检察院、行政监察机关检举、控告;收到检举、控告的机关,应当依据职责及时处理。

(4)公安机关依法实施罚款处罚,应当依照有关法律、行政法规的规定,实行罚款决定与罚款收缴分离;收缴的罚款应当全部上缴国库。

知识链接

公安机关及其人民警察在办理治安案件时,对涉及的国家秘密、商业秘密或者个人隐私,应当予以保密。对于在办理治安案件时涉及到的国家秘密、商业秘密或者个人隐私,公安机关包括公安机关内部的任何工作人员,除工作需要外,都负有保密的义务,不得违反规定向外界泄露。对于泄露的,要依照有关法律规定追究责任。

98.哪些行为需要承担行政责任和刑事责任?

人民警察办理治安案件,有下列行为之一的,依法给予行政处分;构成犯罪的,依法追究刑事责任:

(1)刑讯逼供、体罚、虐待、侮辱他人的。

(2)超过询问查证的时间限制人身自由的。

(3)不执行罚款决定与罚款收缴分离制度或者不按规定将罚没的财物上缴国库或者依法处理的。

(4)私分、侵占、挪用、故意损毁收缴、扣押的财物的。

(5)违反规定使用或者不及时返还被侵害人财物的。

(6)违反规定不及时退还保证金的。

(7)利用职务上的便利收受他人财物或者谋取其他利益的。

(8)当场收缴罚款不出具罚款收据或者不如实填写罚款数额的。

(9)接到要求制止违反治安管理行为的报警后,不及时出警的。

(10)在查处违反治安管理活动时,为违法犯罪行为人通风报信的。

(11)有徇私舞弊、滥用职权,不依法履行法定职责的其他情形的。

知识链接

办理治安案件时,如出现上述行为,除了对相关责任人进行处罚外,办理治安案件的公安机关有前款所列行为的,还应对直接负责的主管人员和其他直接责任人员给予相应的行政处分。

99. 哪些行为需要承担民事责任和赔偿责任?

公安机关及其人民警察违法行使职权,侵犯公民、法人和其他组织合法权益的,应当赔礼道歉;造成损害的,应当依法承担赔偿责任。

知识链接

公安机关办理治安案件的立案标准:

(1)治安案件不存在立案,只有受案,就是说无论什么案件都要受理,只要违反《治安管理处罚条例》的行为无论多轻微都可以进行处罚。

(2)公安机关对报案、控告、举报或者违反治安管理行为人主动投案,以及其他行政主管部门、司法机关移送的违反治安管理案件,应当及时受理,并进行登记。

需要注意的是,治安案件是指公安机关和基层保卫组织依法对需要予以治安行政处罚的违背《治安管理处罚条例》的做法和不够立为刑事案件的轻微违法犯罪做法,通过立案确认、然后进行查处的案件。

第十章　婚姻家庭、继承及其他方面

100. 属于夫妻一方财产的情形有哪些?

《中华人民共和国民法典》(以下简称《民法典》)规定,属于夫妻一方财产的情形有:

(1)一方的婚前财产。

(2)一方因受到人身损害获得的赔偿或者补偿。

(3)遗嘱或者赠与合同中确定只归一方的财产。

(4)一方专用的生活用品。

(5)其他应当归一方的财产。

知识链接

夫妻双方共同签名或者夫妻一方事后追认等共同意思表示所负的债务,以及夫妻一方在婚姻关系存续期间以个人名义为家庭日常生活需要所负的债务,属于夫妻共同债务。

夫妻一方在婚姻关系存续期间以个人名义超出家庭日常生活需要所负的债务,不属于夫妻共同债务;但是,债权人能够证明该债务用于夫妻共同生活、共同生产经营或者基于夫妻双方共同意思表示的除外。

101. 可准予离婚的情形有哪些?

《民法典》规定:夫妻双方自愿离婚的,应当签订书面离婚协议,并亲自到婚姻登记机关申请离婚登记。离婚协议应当载明双方自愿离婚的意思表示和对子女抚养、财产以及债务处理等事项协商一致的意见。夫妻一方要求离婚的,可以由有关组织进行调解或者直接向人民法院提起离婚诉讼。人民法院审理离婚案件,应当进行调解;如果感情确已破裂,调解无效的,应当准予离婚。

存在下列情形之一,调解无效的,应当准予离婚:

(1)重婚或者与他人同居。

(2)实施家庭暴力或者虐待、遗弃家庭成员。

(3)有赌博、吸毒等恶习屡教不改。

(4)因感情不和分居满二年。

(5)其他导致夫妻感情破裂的情形。

一方被宣告失踪,另一方提起离婚诉讼的,应当准予离婚。经人民法院判决不准离婚后,双方又分居满一年,一方再次提起离婚诉讼的,应当准予离婚。完成离婚登记,或者离婚判决书、调解书生效,即解除婚姻关系。

知识链接

存在以下情形之一,导致离婚的,无过错方有权请求损害赔偿:重婚;与他人同居;实施家庭暴力;虐待、遗弃家庭成员;有其他重大过错。另外,夫妻一方隐藏、转移、变卖、毁损、挥霍夫妻共同财产,或者伪造夫妻共同债务企图侵占另一方财产的,在离婚分割夫妻共同财产时,对该方可以少分或者不分。

离婚后,另一方发现有上述行为的,可以向人民法院提起诉讼,请求再次分割夫妻共同财产。

102. 离婚时,其他的相关规定有哪些?

(1)夫妻一方因抚育子女、照料老年人、协助另一方工作等负担较多义务的,离婚时有权向另一方请求补偿,另一方应当给予补偿。具体办法由双方协议;协议不成的,由人民法院判决。

(2)离婚时,夫妻共同债务应当共同偿还。共同财产不足清偿或者财产归各自所有的,由双方协议清偿;协议不成的,由人民法院判决。

(3)离婚时,如果一方生活困难,有负担能力的另一方应当给予适当帮助。具体办法由双方协议;协议不成的,由人民法院判决。

知识链接

需要注意的是,《民法典》增设了"离婚冷静期",其规定:自婚姻登记机关收到离婚登记申请之日起三十日内,任何一方不愿意离婚的,可以向婚姻登记机关撤回离婚登记申请。前款规定期限届满后三十日内,双方应当亲自到婚姻登记机关申请发给离婚证;未申请的,视为撤回离婚登记申请。

103. 继承的分类及方法有哪些?

根据继承人继承遗产的方式,继承可分为法定继承和遗嘱继承。法定继承是对遗嘱继承的对称,是指按照法律规定的继承人范围、继承顺序等进行遗产继承的一种继承方式。遗嘱继承是指继承人按照被继承人的合法有效的遗嘱继承被继承人的一种继承方式。

《民法典》规定:继承开始后,按照法定继承办理;有遗嘱的,按照遗嘱继承或者遗赠办理;有遗赠扶养协议的,按照协议办理。继承开始后,继承人放弃继承的,应当在遗产处理前,以书面形式作出放弃继承的表示;没有表示的,视为接受继承。受遗赠人应当在知道受遗赠后六十日内,作出接受或者放弃受遗赠的表示;到期没有表示的,视为放弃受遗赠。

知识链接

被继承人债务清偿规定如下:

(1)分割遗产,应当清偿被继承人依法应当缴纳的税款和债务;但是,应当为缺乏劳动能力又没有生活来源的继承人保留必要的遗产。

(2)继承人以所得遗产实际价值为限清偿被继承人依法应当缴纳的税款和债务。超过遗产实际价值部分,继承人自愿偿还的不在此限。继承人放弃继承的,对被继承人依法应当缴纳的税款和债务可以不负清偿责任。

(3)执行遗赠不得妨碍清偿遗赠人依法应当缴纳的税款和债务。

需要注意的是,既有法定继承又有遗嘱继承、遗赠的,由法定继承人清偿被继承人依法应当缴纳的税款和债务;超过法定继承遗产实际价值部分,由遗嘱继承人和受遗赠人按比例以所得遗产清偿。

104. 什么是遗嘱?

遗嘱是指死者生前依据法律规定,对其个人财产及其他有关事务作出安排,并在其死后发生法律效力的一种民事法律行为。自然人可以依照《民法典》规定立遗嘱处分个人财产,并可以指定遗嘱执行人。也可以立遗嘱将个人财产指定由法定继承人中的一人或者数人继承,或将个人财产赠与国家、集体或者法定继承人以外的组织、个人。另外,也可以依法设立遗嘱信托。

知识链接

关于遗嘱的一些其他规定如下:

(1)遗嘱应当为缺乏劳动能力又没有生活来源的继承人保留必要的遗产份额。

(2)遗嘱人可以撤回、变更自己所立的遗嘱。

(3)立遗嘱后,遗嘱人实施与遗嘱内容相反的民事法律行为的,视为对遗嘱相关内容的撤回。

(4)立有数份遗嘱,内容相抵触的,以最后的遗嘱为准。

105. 如何处理遗产?

根据《民法典》规定,继承开始后,遗嘱执行人为遗产管理人;没有遗嘱执行人的,继承人应当及时推选遗产管理人;继承人未推选的,由继承人共同担任遗产管理人;没有继承人或者继承人均放弃继承的,由被继承人生前住所地的民政部门或者村民委员会担任遗产管理人。同时，对遗产管理人的确定有争议的，利害关系人可以向人民法院申请指定遗产管理人。

知识链接

遗产管理人应履行的职责如下：①清理遗产并制作遗产清单；②向继承人报告遗产情况；③采取必要措施防止遗产毁损、灭失；④处理被继承人的债权债务；⑤按照遗嘱或者依照法律规定分割遗产；⑥实施与管理遗产有关的其他必要行为。

遗产管理人应当依法履行职责，因故意或者重大过失造成继承人、受遗赠人、债权人损害的，应当承担民事责任。继承开始后，知道被继承人死亡的继承人应当及时通知其他继承人和遗嘱执行人。继承人中无人知道被继承人死亡或者知道被继承人死亡而不能通知的，由被继承人生前所在单位或者住所地的居民委员会、村民委员会负责通知。

106. 遗产分割注意事项及分割原则有哪些？

（1）遗产分割注意事项

存有遗产的人，应当妥善保管遗产，任何组织或者个人不得侵吞或者争抢。继承开始后，继承人于遗产分割前死亡，并没有放弃继承的，该继承人应当继承的遗产转给其继承人，但是遗嘱另有安排的除外。夫妻共同所有的财产，除有约定的外，遗产分割时，应当先将共同所有的财产的一半分出为配偶所有，其余的为被继承人的遗产。遗产在家庭共有财产之中的，遗产分割时，应当先分出他人的财产。

（2）遗产分割原则

遗产分割时,应当保留胎儿的继承份额。胎儿娩出时是死体的,保留的份额按照法定继承办理。遗产分割应当有利于生产和生活需要,不损害遗产的效用。不宜分割的遗产,可以采取折价、适当补偿或者共有等方法处理。

知识链接

遗产中部分按照法定继承办理的情形如下：①遗嘱继承人放弃继承或者受遗赠人放弃受遗赠;②遗嘱继承人丧失继承权或者受遗赠人丧失受遗赠权;③遗嘱继承人、受遗赠人先于遗嘱人死亡或者终止;④遗嘱无效部分所涉及的遗产;⑤遗嘱未处分的遗产。

107. 社区居民如何申请低保?

最低生活保障简称"低保"是社会救助体系中的基础,是保障公民最低生活水平的社会救助政策,是按家庭人均收入和最低生活标准之间的差额进行补差的社会救助制度。只要户口在本县且常住本县的居民,家庭人均收入低于本县最低生活保障标准,不能维持家庭生活基本生活困难人员,均可以户为单位由户主向户籍所在地的村(社区)或乡(镇、街道)申请最低生活保障。

申请低保应当以家庭为单位,由户主或者其代理人以户主的名义向户籍所在地乡镇人民政府(街道办事处)提出书面申请。受申请人委托,村(居)委会可以代其向户籍所在地乡镇人民政府(街道办事处)提交低保书面申请及其相关委托书、授权书。根据规定,申请人需按规定提交相关材料,书面声明家庭收入和财产状况,并签字确认;履行授权核查家庭经济状况的相关手续及承诺所提供的信息真实、完整。申请低保时,申请人与低保经办人员和村(居)委会干部有近亲属关系的,要如实申明。对已受理的低保经办人员和村(居)委会干部近亲属的低保申请,乡镇人民政府(街道办事处)要进行单独登记、备案。

知 识 链 接

申请低保的条件:凡持有当地常住户口的居民,其共同生活的家庭成员人均收入低于当地低保标准,且家庭财产状况符合当地人民政府规定条件的,均有权直接向其户籍所在地的乡镇人民政府(街道办事处)申请享受低保。

108. 自然灾害救助的内容有哪些?

自然灾害救助是社会救助体系中的专项救助政策,是确保灾区灾民有饭吃、有房住、有衣穿、有水喝、有病能医的专项社会救助制度。常住本地的公民,由于自然灾害造成吃、住、穿、喝、医等生活困难的,均可向所在地村(社区)、乡(镇、街道)申请自然灾害救助。

(1)救灾

救灾即自然灾害发生前后,为尽量减少损失,保障群众基本生活而进行的灾前防范、紧急救助、灾后恢复重建和冬春受灾困难人员生活救助等工作。

(2)现行救灾工作原则

国家《自然灾害救助条例》规定,自然灾害救助工作遵循以人为本、政府主导、分级管理、社会互助、灾民自救的原则。

(3)自然灾害救助款物的使用范围

自然灾害生活救助资金,主要用于解决遭受自然灾害地区的居民衣、食、住、医等临时困难,紧急转移安置和抢救受灾群众,抚慰因灾遇难人员家属,恢复重建倒损住房,以及采购、管理、储运救灾物资等项支出。自然灾害救助款物实行专款(物)专用,无偿使用。

(4)自然灾害的种类

发生在本省行政区域内的水旱灾害,风雹、雪灾、低温冷冻等气象灾害,地震灾害,山体崩塌、滑坡、泥石流等地质灾害,森林火灾和重大生物灾害等自然灾害。

(5)自然灾害救助对象

凡在本省内因遭受自然灾害,有下列情形之一的人员,可以作为自然灾害救助对象:因灾需紧急转移安置的;因灾造成粮食、饮水、衣被困难的;因灾住房倒塌或者严重损坏的;因灾伤病的;因灾死亡人员亲属。

(6)救灾款物发放方式

通过户报、村评、乡审、县定四个程序确定救助对象,坚持民主评议、登记造册、张榜公布、公开发放。

(7)申请享受灾民住房重建救助程序

村(居)民住房恢复重建补助对象由受灾人员本人申请或者由村(居)民小组提名。经村(居)委会民主评议,符合救助条件的,在自然村、社区范围内公示,无异议或者经村(居)委会民主评议异议不成立的,由村(居)委会将评议意见和有关材料提交乡镇人民政府审核,报县级民政等部门审批。

知识链接

自然灾害救助,在中国,指为保障因遭受自然灾害及其他特定灾害事件而陷入生活困难的公民的基本生活,各级政府和社会为受灾人员提供现金、实物或服务援助的一种社会救助制度。自然灾害救助工作遵循以人为本、政府主导、分级管理、社会互助、灾民自救的原则。2010 年 6 月国务院发布《自然灾害救助条例》,对救助准备、应急救助、灾后救助、救灾款物管理等方面作了具体规定。

109. 城乡医疗救助的对象及病种有哪些?

医疗救助是社会救助体系中的专项救助制度,是政府对贫困人群中因病而无经济能力进行治疗或因支付数额庞大的医疗费用而陷入困境人群,实施专项帮助和经济支持,以维持其基本生存能力的社会救助制度。家庭成员中有患重大疾病,医疗费用达到一定额度,自负金额超过家庭负担能力,就可按政策规定向户籍所在地的乡(镇、街道)政府申请医疗救助。

(1)医疗救助对象:①城乡最低生活保障对象;②特困供养人员;③城乡低收入家庭大病患者、重度残疾人等;④因病致贫家庭大病患者;⑤当地政府规定的其他特殊困难人员。

(2)医疗救助病种:①对城乡低保对象、特困供养人员不设病种限制;②对城乡低收入家庭、因病致贫家庭患者和当地政府规定的其他特殊困难人员实施医疗救助,须是大病或重症慢性病。主要病种是:严重器官衰竭(心、肝、肺、脑、肾),乳腺癌,宫颈癌等各种恶性肿瘤,耐多药肺结核,艾滋病机会性感染,肺癌,食道癌,胃癌,结肠癌,直肠癌,慢性粒细胞白血病,急性心肌梗塞,脑梗死,血友病,肝肾移植前透析和手术后抗排异治疗,1型糖尿病,甲亢,唇腭裂,重性精神疾病,晚期血吸虫病和当地政府规定的其他病种等。

知识链接

医疗救助的程序如下:

(1)城乡低保对象、特困供养人员凭相关证件(身份证、低保证、五保供养证等有关证件)和证明材料,到开展即时结算的定点医疗机构就医,经县级民政部门核对身份后,所发生的医疗费用,由医疗救助资金支付的,由定点医疗机构先行垫付,救助对象只需支付自付部分,实现"随来随治,随走随结"的救助方式。

(2)城乡低收入家庭、因病致贫家庭大病患者以及当地政府规定的其他特殊困难人员,在申请医疗救助时,须持相关证件和证明材料,到户籍所在地街道(乡镇)社会救助受理服务中心提出书面申请,并出具本年度的诊断病历和必要的病史证明材料。

(3)街道(乡镇)在接到申请后的五个工作日内,派人入户调查、审核。

(4)县级民政部门接到申报材料后,在五个工作日内完成审批。县级财政部门接到同级民政部门的审批表后,在三个工作日内将救助资金打入其指定金融机构,实行社会化发放。如遇突发性大病患者,应特事特办,及时审批。对不符合救助条件的,要书面说明理由,通知申请人。

110. 如何申请就业救助？

按照《社会救助暂行办法》规定,申请就业救助的,应当向住所地街道、社区公共就业服务机构提出,公共就业服务机构核实后予以登记,并免费提供就业岗位信息、职业介绍、职业指导等就业服务。最低生活保障家庭中有劳动能力但未就业的成员,应当接受人力资源社会保障等有关部门介绍的工作;无正当理由,连续三次拒绝接受介绍的与其健康状况、劳动能力等相适应的工作的,县级人民政府民政部门应当决定减发或者停发其本人的最低生活保障金。吸纳就业救助对象的用人单位,按照国家有关规定享受社会保险补贴、税收优惠、小额担保贷款等就业扶持政策。

知识链接

就业救助与下岗职工基本生活保障、失业保险和最低生活保障制度不同,它是一项从根本上解决就业困难人员家庭困难的措施;它也与计划经济时期安置就业不同,而是通过财政、税收等政策扶持,既促进就业困难人员再就业,又减轻企业负担,降低企业人工成本,增强企业活力,促进经济发展。

111. 关于老年人家庭赡养与抚养的规定有哪些？

（1）家庭赡养

赡养人是指老年人的子女以及其他依法负有赡养义务的人,赡养人的配偶应当协助赡养人履行赡养义务。赡养人应当履行对老年人经济上供养、生活上照料和精神上慰藉的义务,照顾老年人的特殊需要。

①照料与照顾:赡养人应当使患病的老年人及时得到治疗和护理;对经济困难的老年人,应当提供医疗费用。对生活不能自理的老年人,赡养人应当承担照料责任;不能亲自照料的,可以按照老年人的意愿委托他人或者养老机构等照料。

②住房:赡养人应当妥善安排老年人的住房,不得强迫老年人居住或者迁居条件低劣的房屋。老年人自有的或者承租的住房,子女或者其他亲属不得侵占,不得擅自改变产权关系或者租赁关系。老年人自有的住房,赡养人有维修的义务。

③承包地:赡养人有义务耕种或者委托他人耕种老年人承包的田地,照管或者委托他人照管老年人的林木和牲畜等,收益归老年人所有。

④精神慰藉:家庭成员应当关心老年人的精神需求,不得忽视、冷落老年人。与老年人分开居住的家庭成员,应当经常看望或者问候老年人。用人单位应当按照国家有关规定保障赡养人探亲休假的权利。

(2)扶养与监护

①扶养:老年人与配偶有相互扶养的义务。由兄、姐扶养的弟、妹成年后,有负担能力的,对年老无赡养人的兄、姐有扶养的义务。

②监护:具备完全民事行为能力的老年人,可以在近亲属或者其他与自己关系密切、愿意承担监护责任的个人、组织中协商确定自己的监护人。监护人在老年人丧失或者部分丧失民事行为能力时,依法承担监护责任。老年人未事先确定监护人的,其丧失或者部分安失民事行为能力时,依照有关法律的规定明确定监护人。

(3)婚姻

老年人的婚姻自由受法律保护。子女或者其他亲属不得干涉老年人离婚、再婚及婚后的生活。赡养人的赡养义务不因老年人的婚姻关系变化而消除。

（4）财产与继承

老年人对个人的财产，依法享有占有、使用、收益和处分的权利，子女或者其他亲属不得干涉，不得以窃取、骗取、强行索取等方式侵犯老年人的财产权益。老年人有依法继承父母、配偶、子女或者其他亲属遗产的权利，有接受赠与的权利。子女或者其他亲属不得侵占、抢夺、转移、隐匿或者损毁应当由老年人继承或者接受赠与的财产。老年人以遗嘱处分财产，应当依法为老年人配偶保留必要的份额。

（5）赡养协议

经老年人同意，赡养人之间可以就履行赡养义务签订协议。赡养协议的内容不得违反法律的规定和老年人的意愿。赡养人不得要求老年人承担力不能及的劳动。禁止对老年人实施家庭暴力。

（6）家庭养老政策支持

国家建立健全家庭养老支持政策，鼓励家庭成员与老年人共同生活或者就近居住，为老年人随配偶或者赡养人迁徙提供条件，为家庭成员照料老年人提供帮助。

知 识 链 接

具有完全民事行为能力的成年人，可以与其近亲属、其他愿意担任监护人的个人或者组织事先协商，以书面形式确定自己的监护人，在自己丧失或者部分丧失民事行为能力时，由该监护人履行监护职责。该项规定为老年人权益保护提供了重要保障。

112. 关于老年人社会保障的规定有哪些?

　　"老有所养"并不只是家庭成员的义务,同时也是国家与社会的责任。《老年人权益保障法》"社会保障"部分对老年人获得社会保障的权利作出了规定,涉及社会保险、护理保障、社会救助、社会福利等以下方面:

　　(1)社会保险

　　国家通过基本养老保险制度,保障老年人的基本生活。国家通过基本医疗保险制度,保障老年人的基本医疗需要。

　　(2)护理保障

　　国家逐步开展长期护理保障工作,保障老年人的护理需求。对生活长期不能自理、经济困难的老人,地方各级人民政府应当根据其失能程度等情况给予护理补贴。

　　(3)社会救助

　　国家对经济困难的老年人给予基本生活、医疗、居住或其他救助。老年人无劳动能力、无生活来源、无赡养人和扶养人,或者其赡养人和扶养人确无赡养能力或扶养能力的,由地方各级人民政府依照有关规定给予供养或救助。

　　(4)社会福利

　　国家建立和完善老年人福利制度,根据经济社会发展水平和老年人的实际需要,增加老年人的社会福利。国家鼓励地方建立八十周岁以上低收入老年人高龄津贴制度,鼓励慈善组织以及其他组织和个人为老年人提供物资帮助。

知识链接

　　我国人口老龄化呈持续加剧之势,到本世纪中叶,老年人口将从九个人中有一个发展到三个人中就有一个,且高龄化、"空巢"化的趋势日益严重。近几年,随着互联网的迅猛发展,养老话题也搭上了科技的快车,各方都期待智慧技术为"养老"带来解决新思路,让智能设备完成人力所不及之事。随着科技的发展,社会上也涌现出一系列如只为父母设计的电视盒子等高科技产品,远程分享让亲情零距离,提升老人的晚年生活质量,最大程度的解决空巢老人寂寞的问题,是中国式养老的新形式。

113. 老年人权益保障的法律责任有哪些?

　　《老年人权益保障法》明确规定,老年人合法权益受到侵害的,被侵害人或者其代理人有权要求有关部门处理,或者依法向人民法院提起诉讼。人民法院和有关部门,对侵犯老年人合法权益的申诉、控告和检举,应当依法及时受理,不得推诿、拖延。

　　(1)政府部门及其工作人员责任

　　①政府部门责任。不履行保护老年人合法权益职责的部门或组织,其上级主管部门应当给予批评教育,责令改正。

　　②政府工作人员责任。政府工作人员违法失职,致使老年人合法权益受到损害的,由其所在单位或者上级机关责令改正,或者依法给予处分;构成犯罪的,依法追究刑事责任。

（2）家庭和社会成员责任

①家庭纠纷处理。老年人与家庭成员因赡养、扶养或者住房、财产等发生纠纷，既可以申请人民调解委员会或者其他有关组织进行调解，也可以直接向人民法院提起诉讼。人民调解委员会或者其他有关组织调解前款纠纷时，应当通过说服、疏导等方式化解矛盾和纠纷；对有过错的家庭成员，应当给予批评教育。人民法院对老年人追索赡养费或者扶养费的申请，可以依法裁定先予执行。

②侵害老年人权益法律责任。干涉老年人婚姻自由，对老年人负有赡养义务、扶养义务而拒绝赡养、扶养，虐待老年人或者对老年人实施家庭暴力的，由有关单位给予批评教育；构成违反治安管理行为的，依法给予治安管理处罚；构成犯罪的，依法追究刑事责任。家庭成员盗窃、诈骗、抢夺、侵占、勒索、故意损毁老年人财物，构成违反治安管理行为的，依法给予治安管理处罚；构成犯罪的，依法追究刑事责任。

（3）养老机构的法律责任

养老机构及其工作人员侵害老年人人身和财产权益，或者未按照约定提供服务的，依法承担民事责任；由有关主管部门依法给予行政处罚；构成犯罪的，依法追究刑事责任。对养老机构负有管理和监督职责的部门及其工作人员滥用职权、玩忽职守、徇私舞弊的，对直接负责的主管人员和其他直接责任人员依法给予相应的处分；构成犯罪的，对其依法追究刑事责任。

知识链接

涉及老年人的工程不符合国家规定的标准，或者无障碍设施所有人、管理人未尽到维护和管理职责的，由有关主管部门责令改正；造成损害的，依法承担民事责任；对有关单位、个人依法给予行政处罚；构成犯罪的，依法追究刑事责任。

114. 妇女的政治权利有哪些?

国家保障妇女享有与男子平等的政治权利。主要包括以下方面的内容:

(1)参与公共事务

妇女有权通过各种途径和形式,管理国家事务,管理经济和文化事业,管理社会事务。制定法律、法规、规章及公共政策,涉及妇女权益问题,应当听取妇女联合会的意见。

(2)选举和被选举权

妇女享有与男子平等的选举权和被选举权。全国人民代表大会和地方各级人民代表大会的代表中,应当有适当数量的妇女代表。国家采取措施,逐步提高妇女代表在全国人民代表大会及地方各级人民代表大会中的比例。

(3)妇女干部培养与选拔

国家积极培养和选拔女干部。国家机关、社会团体、企业事业单位培养、选拔和任用干部,必须坚持男女平等的原则,并有适当数量的妇女担任领导成员。国家重视培养和选拔少数民族女干部。

知识链接

妇女的政治权利是指女性公民通过各种法定的途径和形式管理国家事务,管理经济文化事务,管理社会事务,对国家机关和工作人员进行监督的权利。

政治权利是妇女各项权利中最重要的部分,它与其他权利,如文化教育权、劳动权、财产权等紧密相连的,它可以促进其他权利的实现,我们所说的妇女政治权利有一个基本特征即平等性,在我国,妇女享有与男子一样的政治权利,"一样"就标志着平等性。

115. 妇女的文化教育权益有哪些?

国家保障妇女享有与男子平等的文化教育权利。主要包括以下方面:

(1)教育机会平等

学校和有关部门应当执行国家有关规定,保障妇女在入学、升学、毕业分配等方面享有与男子平等的权利。

(2)教育权利保障

父母或其他监护人必须履行保障适龄女性儿童少年接受义务教育的义务。除因疾病或者其他特殊情况经当地人民政府批准的以外,对不送适龄女性儿童少年入学的父母或其他监护人,由当地人民政府予以批评教育,并采取有效措施,责令送适龄女性儿童少年入学。

(3)继续教育和职业教育

各级人民政府应当依照固定把扫除妇女中的文盲、半文盲工作,纳入扫盲和扫盲后继续教育规划,采取符合妇女特点的组织形式和工作方法,组织、监督有关部门具体实施。

(4)文化权利平等

国家机关、社会团体和企业事业单位应当执行国家有关规定,保障妇女从事科学、技术、文学等其他文化活动,享有与男子平等的权利。

知识链接

文化教育权益,是公民依法享有的受教育的权利和从事各类文化活动权利的统称。妇女的文化教育权益,即妇女在文化教育方面依法享有的权利和利益。妇女文化教育权益的内涵十分丰富,就文化方面而言,包括从事各个领域的科学技术研究、文学艺术创作及其他文化活动的权利;从教育角度看,包括入学、升学、毕业分配、授予学位、派出留学等方面的权利。凡我国公民,不分男女,都平等地享有接受各类教育的权利,不能剥夺女性受教育的权利;同时,妇女在文化活动方面也享有与男子平等的权利与自由,在从事科研、文艺创作及其他文化活动时,妇女与男子适用同等到条件,享受平等的机会和待遇,不得歧视妇女,不适当地提高条件和标准。

116. 妇女的劳动与社会保障权益有哪些?

国家保障妇女享有与男子平等的劳动权利和社会保障权利,主要包括以下方面:

(1)女职工录用

各单位在录用职工时,除不适合妇女的工种或者岗位外,不得以性别为由拒绝录用妇女或者提高对妇女的录用标准。各单位在录用女职工时,应当依法与其签订劳动(聘用)合同或者服务协议,劳动(聘用)合同或者服务协议中不得规定限制女职工结婚、生育的内容。禁止录用未满十六周岁的女性未成年人,国家另有规定的除外。

(2)薪酬待遇和职务晋升

实行男女同工同酬。妇女在享受福利待遇方面享有与男子平等的权利。在晋职、晋级、评定专业技术职务等方面,应当坚持男女平等的原则,不得歧视妇女。

(3)劳动保护

任何单位均应根据妇女的特点,依法保护妇女在工作和劳动时的安全和健康,不得安排不适合妇女从事的工作和劳动。妇女在经期、孕期、产期、哺乳期受特殊保护。各单位在执行国家退休制度时,不得以性别为由歧视妇女。

(4)社会保障

国家发展社会保险、社会救助、社会福利和医疗卫生事业,保障妇女享有社会保险、社会救助、社会福利和卫生保健等权益。国家提倡和鼓励为帮助妇女开展的社会公益活动。

知识链接

妇女享有劳动和社会保障权益,其意义是十分重大的。

(1)妇女享有劳动和社会保障权利,是妇女实现其政治、经济、文化、社会和家庭生活等各方面权益的基础。

(2)妇女享有劳动和社会保障权利,是妇女自尊、自信、自立、自强,获得完全独立的地位和享有人格尊严的体现。

(3)妇女享有劳动和社会保障权利,是当代国际社会中妇女解放运动的正确方向。

(4)妇女享有劳动和社会保障权利,是我国社会主义现代化建设事业发展的客观要求。

117. 妇女的财产权益和人身权利有哪些?

国家保障妇女享有与男子平等的财产权利,主要包括以下方面:

(1)土地承包

妇女在农村土地承包经营、集体经济组织收益分配、土地征收或者征用补偿费使用以及宅基地使用等方面,享有与男子平等的权利。任何组织和个人不得以妇女未婚、结婚、离婚、丧偶等为由,侵害妇女在农村集体经济组织中的各项权益。

(2)财产继承

妇女享有的与男子平等的财产继承权受法律保护。在同一顺序法定继承人中,不得歧视妇女。丧偶妇女有权处分继承的财产,任何人不得干涉。

国家保障妇女享有与男子平等的人身权利,主要包括以下方面:

(1)人身自由权

妇女的人身自由不受侵犯。禁止非法拘禁和以其他非法手段剥夺或者限制妇女的人身自由;禁止非法搜查妇女的身体。

(2)生命健康权

妇女的生命健康权不受侵犯。禁止溺、弃、残害女婴;禁止歧视、虐待生育女婴的妇女和不育的妇女;禁止用迷信、暴力等手段残害妇女;禁止虐待、遗弃病、残妇女和老年妇女。

(3)防止性侵害

违背他人意愿,以言语、文字、图像、肢体行为等方式对他人实施性骚扰的,受害人有权依法请求行为人承担民事责任。机关、企业、学校等单位应当采取合理的预防、受理投诉、调查处置等措施,防止和制止利用职权、从属关系等实施性骚扰。

（4）人格权

妇女的名誉权、荣誉权、隐私权、肖像权等人格权受法律保护。禁止用侮辱、诽谤等方式损害妇女的人格尊严。禁止通过大众传播媒介或者其他方式贬低损害妇女人格。未经本人同意，不得以营利为目的，通过广告、商标、展览橱窗、报纸、期刊、图书、音像制品、电子出版物、网络等形式使用妇女肖像。

知识链接

《中华人民共和国妇女权益保障法》不仅规定了妇女维护自己合法权益的方式，而且规定了相关组织和个人在妇女权益保护中应承担的责任。

（1）妇女维护自己合法权益的方式

妇女的合法权益受到侵害的，有权要求有关部门依法处理，或者依法向仲裁机构申请仲裁，或者向人民法院起诉。对有经济困难需要法律援助或者司法救助的妇女，当地法律援助机构或者人民法院应当给予帮助，依法为其提供法律援助或者司法救助。

（2）妇女组织的责任

妇女的合法权益受到侵害的，可以向妇女组织投诉，妇女组织应当维护被侵害妇女的合法权益，有权要求并协助有关部门或者单位查处。有关部门或者单位应当依法查处，并予以答复。妇女组织对于受害妇女进行诉讼需要帮助的，应当给予支持。

（3）侵害妇女权益的法律责任

侵害妇女的合法权益，其他法律、法规规定行政处罚的，从其规定；造成财产损失或者其他损害的，依法承担民事责任；构成犯罪的，依法追究刑事责任。对侵害妇女权益的申诉、控告、检举，推诿、拖延、压制不予查处,或者对提出申诉、控告、检举的人进行打击报复的,由其所在单位、主管部门或者上级机关责令改正,并依法对直接负责的主管人员和其他直接责任人员给予行政处分。

118. 未成年人的合法权益主要有哪些?

(1)生存权

生存权指作为独立的有尊严的在社会中生活和存在的权利。生存权是未成年人最基生存权利,国家保障每个未成年人平等的生存权利,禁止对未成年人实施家庭暴力,禁止虐待、遗弃未成年人等。

(2)发展权

发展权指享有足以促进其生理、心理、精神、道德和社会发展的生活水平的权利。未成年人正处在生长发育的过程中,在营养、衣着和住房方面享受确保他们发展所需的生活条件是未成年人的基本权益。

(3)受保护权

受保护权指依法接受来自家庭、社区、社会组织和整个社会的特别的爱护,使其免受可能遇到的伤害、破坏或有害的影响的权利。

(4)参与权

参与权指参加各种社会生活和与自身利益相关的社会活动并通过发表言论和采取行动对其产生影响的权利。

(5)受教育权

受教育权指未成年人接受与其生理、心理发展水平相适应的教育的权利。未成年人的父母或合法的监护人应当尊重未成年人受教育的权利,必须使适龄未成年人依法入学接受并完成义务教育。

知识链接

　　未成年人是身心发育尚未成熟的特殊群体,具有特殊的生理和心理特征,非常需要国家、社会、学校和家庭给予特别的关心和爱护。作为自然的人,未成年人的生长发育需要家庭和社会给予物质上的支撑和精神上的呵护,离开周围的人和社会的支持,就不可能正常发育,甚至不能维持生命;作为社会的人,他们不可避免地要受到社会的影响,社会的文化、风俗、传统、习惯、生活方式和各种意识,都通过各种渠道和方式影响未成年人的意识和行为,国家、社会、学校和家庭有责任扩大对未成年人的积极影响,避免或减少消极影响。

　　上述特点,要求法律给予未成年人特殊保护,这就产生了未成年人保护法。狭义的未成年人保护法是指最高国家权力机关制定的保护未成年人的专门法律,在中国即是指《中华人民共和国未成年人保护法》。广义的未成年人保护法是指国家机关在各自的权限范围内制定的调整对未成年人进行保护的各项活动的法律规范的总和,包括国家权力机关、国家行政机关、国家司法机关制定的有关未成年人保护的法律、法规及其他具有法律效力的规范性文件。

119. 关于未成年人家庭保护的规定有哪些?

　　(1)未成年人的父母或者其他监护人应当学习家庭教育知识,接受家庭教育指导,创造良好、和睦、文明的家庭环境。共同生活的其他成年家庭成员应当协助未成年人的父母或者其他监护人抚养、教育和保护未成年人。

（2）未成年人的父母或者其他监护人应当履行下列监护职责：①为未成年人提供生活、健康、安全等方面的保障；②关注未成年人的生理、心理状况和情感需求；③教育和引导未成年人遵纪守法、勤俭节约，养成良好的思想品德和行为习惯；④对未成年人进行安全教育，提高未成年人的自我保护意识和能力；⑤尊重未成年人受教育的权利，保障适龄未成年人依法接受并完成义务教育；⑥保障未成年人休息、娱乐和体育锻炼的时间，引导未成年人进行有益身心健康的活动；⑦妥善管理和保护未成年人的财产；⑧依法代理未成年人实施民事法律行为；⑨预防和制止未成年人的不良行为和违法犯罪行为，并进行合理管教；⑩其他应当履行的监护职责。

（3）未成年人的父母或者其他监护人不得实施下列行为：①虐待、遗弃、非法送养未成年人或者对未成年人实施家庭暴力；②放任、教唆或者利用未成年人实施违法犯罪行为；③放任、唆使未成年人参与邪教、迷信活动或者接受恐怖主义、分裂主义、极端主义等侵害；④放任、唆使未成年人吸烟（含电子烟，下同）、饮酒、赌博、流浪乞讨或者欺凌他人；⑤放任或者迫使应当接受义务教育的未成年人失学、辍学；⑥放任未成年人沉迷网络，接触危害或者可能影响其身心健康的图书、报刊、电影、广播电视节目、音像制品、电子出版物和网络信息等；⑦放任未成年人进入营业性娱乐场所、酒吧、互联网上网服务营业场所等不适宜未成年人活动的场所；⑧允许或者迫使未成年人从事国家规定以外的劳动；⑨允许、迫使未成年人结婚或者为未成年人订立婚约；⑩违法处分、侵吞未成年人的财产或者利用未成年人牟取不正当利益；⑪其他侵犯未成年人身心健康、财产权益或者不依法履行未成年人保护义务的行为。

（4）未成年人的父母或者其他监护人应当为未成年人提供安全的家庭生活环境，及时排除引发触电、烫伤、跌落等伤害的安全隐患；采取配备儿童安全座椅、教育未成年人遵守交通规则等措施，防止未成年人受到交通事故的伤害；提高户外安全保护意识，避免未成年人发生溺水、动物伤害等事故。

（5）未成年人的父母或者其他监护人应当根据未成年人的年龄和智力发展状况，在作出与未成年人权益有关的决定前，听取未成年人的意见，充分考虑其真实意愿。

（6）未成年人的父母或者其他监护人发现未成年人身心健康受到侵害、疑似受到侵害或者其他合法权益受到侵犯的，应当及时了解情况并采取保护措施；情况严重的，应当立即向公安、民政、教育等部门报告。

（7）未成年人的父母或者其他监护人不得使未满八周岁或者由于身体、心理原因需要特别照顾的未成年人处于无人看护状态，或者将其交由无民事行为能力、限制民事行为能力、患有严重传染性疾病或者其他不适宜的人员临时照护。未成年人的父母或者其他监护人不得使未满十六周岁的未成年人脱离监护单独生活。

（8）未成年人的父母或者其他监护人因外出务工等原因在一定期限内不能完全履行监护职责的，应当委托具有照护能力的完全民事行为能力人代为照护；无正当理由的，不得委托他人代为照护。

（9）未成年人的父母或者其他监护人应当及时将委托照护情况书面告知未成年人所在学校、幼儿园和实际居住地的居民委员会、村民委员会，加强和未成年人所在学校、幼儿园的沟通；与未成年人、被委托人至少每周联系和交流一次，了解未成年人的生活、学习、心理等情况，并给予未成年人亲情关爱。未成年人的父母或者其他监护人接到被委托人、居民委员会、村民委员会、学校、幼儿园等关于未成年人心理、行为异常的通知后,应当及时采取干预措施。

(10)未成年人的父母离婚时,应当妥善处理未成年子女的抚养、教育、探望、财产等事宜,听取有表达意愿能力未成年人的意见。不得以抢夺、藏匿未成年子女等方式争夺抚养权。未成年人的父母离婚后,不直接抚养未成年子女的一方应当依照协议、人民法院判决或者调解确定的时间和方式,在不影响未成年人学习、生活的情况下探望未成年子女,直接抚养的一方应当配合,但被人民法院依法中止探望权的除外。

知识链接

未成年人的父母或者其他监护人在确定被委托人时,应当综合考虑其道德品质、家庭状况、身心健康状况、与未成年人生活情感上的联系等情况,并听取有表达意愿能力未成年人的意见。

具有下列情形之一的,不得作为被委托人:①曾实施性侵害、虐待、遗弃、拐卖、暴力伤害等违法犯罪行为;②有吸毒、酗酒、赌博等恶习;③曾拒不履行或者长期怠于履行监护、照护职责;④其他不适宜担任被委托人的情形。

120. 关于未成年人学校保护的规定有哪些?

(1)学校应当全面贯彻国家教育方针,坚持立德树人,实施素质教育,提高教育质量,注重培养未成年学生认知能力、合作能力、创新能力和实践能力,促进未成年学生全面发展。学校应当建立未成年学生保护工作制度,健全学生行为规范,培养未成年学生遵纪守法的良好行为习惯。

（2）幼儿园应当做好保育、教育工作,遵循幼儿身心发展规律,实施启蒙教育,促进幼儿在体质、智力、品德等方面和谐发展。

（3）学校、幼儿园的教职员工应当尊重未成年人人格尊严,不得对未成年人实施体罚、变相体罚或者其他侮辱人格尊严的行为。

（4）学校应当保障未成年学生受教育的权利,不得违反国家规定开除、变相开除未成年学生。学校应当对尚未完成义务教育的辍学未成年学生进行登记并劝返复学;劝返无效的,应当及时向教育行政部门书面报告。

（5）学校应当关心、爱护未成年学生,不得因家庭、身体、心理、学习能力等情况歧视学生。对家庭困难、身心有障碍的学生,应当提供关爱;对行为异常、学习有困难的学生,应当耐心帮助。学校应当配合政府有关部门建立留守未成年学生、困境未成年学生的信息档案,开展关爱帮扶工作。

（6）学校应当根据未成年学生身心发展特点,进行社会生活指导、心理健康辅导、青春期教育和生命教育。

（7）学校应当组织未成年学生参加与其年龄相适应的日常生活劳动、生产劳动和服务性劳动,帮助未成年学生掌握必要的劳动知识和技能,养成良好的劳动习惯。

（8）学校、幼儿园应当开展勤俭节约、反对浪费、珍惜粮食、文明饮食等宣传教育活动,帮助未成年人树立浪费可耻、节约为荣的意识,养成文明健康、绿色环保的生活习惯。

（9）学校应当与未成年学生的父母或者其他监护人互相配合,合理安排未成年学生的学习时间,保障其休息、娱乐和体育锻炼的时间。

（10）学校、幼儿园应当提供必要的卫生保健条件,协助卫生健康部门做好在校、在园未成年人的卫生保健工作。

（11）学校、幼儿园应当建立安全管理制度，对未成年人进行安全教育，完善安保设施、配备安保人员，保障未成年人在校、在园期间的人身和财产安全。学校、幼儿园不得在危及未成年人人身安全、身心健康的校舍和其他设施、场所中进行教育教学活动。学校、幼儿园安排未成年人参加文化娱乐、社会实践等集体活动，应当保护未成年人的身心健康，防止发生人身伤害事故。

（12）使用校车的学校、幼儿园应当建立健全校车安全管理制度，配备安全管理人员，定期对校车进行安全检查，对校车驾驶人进行安全教育，并向未成年人讲解校车安全乘坐知识，培养未成年人校车安全事故应急处理技能。

（13）学校、幼儿园应当根据需要，制定应对自然灾害、事故灾难、公共卫生事件等突发事件和意外伤害的预案，配备相应设施并定期进行必要的演练。未成年人在校内、园内或者本校、本园组织的校外、园外活动中发生人身伤害事故的，学校、幼儿园应当立即救护，妥善处理，及时通知未成年人的父母或者其他监护人，并向有关部门报告。

（14）学校、幼儿园不得安排未成年人参加商业性活动，不得向未成年人及其父母或者其他监护人推销或者要求其购买指定的商品和服务。学校、幼儿园不得与校外培训机构合作为未成年人提供有偿课程辅导。

（15）学校应当建立学生欺凌防控工作制度，对教职员工、学生等开展防治学生欺凌的教育和培训。学校对学生欺凌行为应当立即制止，通知实施欺凌和被欺凌未成年学生的父母或者其他监护人参与欺凌行为的认定和处理；对相关未成年学生及时给予心理辅导、教育和引导；对相关未成年学生的父母或者其他监护人给予必要的家庭教育指导。对实施欺凌的未成年学生，学校应当根据欺凌行为的性质和程度，依法加强管教。对严重的欺凌行为，学校不得隐瞒，应当及时向公安机关、教育行政部门报告,并配合相关部门依法处理。

(16)学校、幼儿园应当建立预防性侵害、性骚扰未成年人工作制度。对性侵害、性骚扰未成年人等违法犯罪行为,学校、幼儿园不得隐瞒,应当及时向公安机关、教育行政部门报告,并配合相关部门依法处理。学校、幼儿园应当对未成年人开展适合其年龄的性教育,提高未成年人防范性侵害、性骚扰的自我保护意识和能力。对遭受性侵害、性骚扰的未成年人,学校、幼儿园应当及时采取相关的保护措施。

(17)婴幼儿照护服务机构、早期教育服务机构、校外培训机构、校外托管机构等应当参照本章有关规定,根据不同年龄阶段未成年人的成长特点和规律,做好未成年人保护工作。

知识链接

学校不得占用国家法定节假日、休息日及寒暑假期,组织义务教育阶段的未成年学生集体补课,加重其学习负担。幼儿园、校外培训机构不得对学龄前未成年人进行小学课程教育。

121.关于未成年人社会保护的规定有哪些?

(1)全社会应当树立关心、爱护未成年人的良好风尚。人民团体、企业事业单位、社会组织以及其他组织和个人,应当开展有利于未成年人健康成长的社会活动和服务。

(2)居民委员会、村民委员会应当设置专人专岗负责未成年人保护工作,协助政府有关部门宣传未成年人保护方面的法律法规,指导、帮助和监督未成年人的父母或者其他监护人依法履行监护职责,建立留守未成年人、困境未成年人的信息档案并给予关爱帮扶。居民委员会、村民委员会应当协助政府有关部门监督未成年人委托照护情况,发现被委托人缺乏照护能力、怠于履行照护职责等情况,应当及时向政府有关部门报告,并告知未成年人的父母或者其他监护人,帮助、督促被委托人履行照护职责。

(3)爱国主义教育基地、图书馆、青少年宫、儿童活动中心、儿童之家应当对未成年人免费开放;博物馆、纪念馆、科技馆、展览馆、美术馆、文化馆、社区公益性互联网上网服务场所以及影剧院、体育场馆、动物园、植物园、公园等场所,应当按照有关规定对未成年人免费或者优惠开放。爱国主义教育基地、博物馆、科技馆、美术馆等公共场馆开设未成年人专场,为未成年人提供有针对性的服务;国家机关、企业事业单位、部队等开发自身教育资源,设立未成年人开放日,为未成年人主题教育、社会实践、职业体验等提供支持;科研机构和科技类社会组织对未成年人开展科学普及活动。

(4)城市公共交通以及公路、铁路、水路、航空客运等应当按照有关规定对未成年人实施免费或者优惠票价。

(5)大型公共场所、公共交通工具、旅游景区景点等设置母婴室、婴儿护理台以及方便幼儿使用的坐便器、洗手台等卫生设施,为未成年人提供便利。

(6)任何组织或者个人不得违反有关规定,限制未成年人应当享有的照顾或者优惠。

(7)创作、出版、制作和传播有利于未成年人健康成长的图书、报刊、电影、广播电视节目、舞台艺术作品、音像制品、电子出版物和网络信息等。

(8)新闻媒体应当加强未成年人保护方面的宣传,对侵犯未成年人合法权益的行为进行舆论监督。新闻媒体采访报道涉及未成年人事件应当客观、审慎和适度,不得侵犯未成年人的名誉、隐私和其他合法权益。

(9)禁止制作、复制、出版、发布、传播含有宣扬淫秽、色情、暴力、邪教、迷信、赌博、引诱自杀、恐怖主义、分裂主义、极端主义等危害未成年人身心健康内容的图书、报刊、电影、广播电视节目、舞台艺术作品、音像制品、电子出版物和网络信息等。

任何组织或者个人出版、发布、传播的图书、报刊、电影、广播电视节目、舞台艺术作品、音像制品、电子出版物或者网络信息,包含可能影响未成年人身心健康内容的,应当以显著方式作出提示。

(10)禁止制作、复制、发布、传播或者持有有关未成年人的淫秽色情物品和网络信息;不得刊登、播放、张贴或者散发含有危害未成年人身心健康内容的广告;不得在学校、幼儿园播放、张贴或者散发商业广告;不得利用校服、教材等发布或者变相发布商业广告。

(11)禁止拐卖、绑架、虐待、非法收养未成年人,禁止对未成年人实施性侵害、性骚扰;禁止胁迫、引诱、教唆未成年人参加黑社会性质组织或者从事违法犯罪活动;禁止胁迫、诱骗、利用未成年人乞讨。

(12)生产、销售用于未成年人的食品、药品、玩具、用具和游戏游艺设备、游乐设施等,应当符合国家或者行业标准,不得危害未成年人的人身安全和身心健康。上述产品的生产者应当在显著位置标明注意事项,未标明注意事项的不得销售。

(13)未成年人集中活动的公共场所应当符合国家或者行业安全标准,并采取相应安全保护措施。对可能存在安全风险的设施,应当定期进行维护,在显著位置设置安全警示标志并标明适龄范围和注意事项;

必要时应当安排专门人员看管。大型的商场、超市、医院、图书馆、博物馆、科技馆、游乐场、车站、码头、机场、旅游景区景点等场所运营单位应当设置搜寻走失未成年人的安全警报系统。场所运营单位接到求助后,应当立即启动安全警报系统,组织人员进行搜寻并向公安机关报告。当公共场所发生突发事件时,应当优先救护未成年人。

(14)旅馆、宾馆、酒店等住宿经营者接待未成年人入住,或者接待未成年人和成年人共同入住时,应当询问父母或者其他监护人的联系方式、入住人员的身份关系等有关情况;发现有违法犯罪嫌疑的,应当立即向公安机关报告,并及时联系未成年人的父母或者其他监护人。

(15)学校、幼儿园周边不得设置营业性娱乐场所、酒吧、互联网上网服务营业场所等不适宜未成年人活动的场所。营业性歌舞娱乐场所、酒吧、互联网上网服务营业场所等不适宜未成年人活动场所的经营者,不得允许未成年人进入;游艺娱乐场所设置的电子游戏设备,除国家法定节假日外,不得向未成年人提供。经营者应当在显著位置设置未成年人禁入、限入标志;对难以判明是否是未成年人的,应当要求其出示身份证件。

(16)学校、幼儿园周边不得设置烟、酒、彩票销售网点。禁止向未成年人销售烟、酒、彩票或者兑付彩票奖金。烟、酒和彩票经营者应当在显著位置设置不向未成年人销售烟、酒或者彩票的标志;对难以判明是否是未成年人的,应当要求其出示身份证件。任何人不得在学校、幼儿园和其他未成年人集中活动的公共场所吸烟、饮酒。

(17)禁止向未成年人提供、销售管制刀具或者其他可能致人严重伤害的器具等物品。经营者难以判明购买者是否是未成年人的,应当要求其出示身份证件。

（18）任何组织或者个人不得招用未满十六周岁未成年人，国家另有规定的除外。营业性娱乐场所、酒吧、互联网上网服务营业场所等不适宜未成年人活动的场所不得招用已满十六周岁的未成年人。招用已满十六周岁未成年人的单位和个人应当执行国家在工种、劳动时间、劳动强度和保护措施等方面的规定，不得安排其从事过重、有毒、有害等危害未成年人身心健康的劳动或者危险作业。

（19）密切接触未成年人的单位招聘工作人员时，应当向公安机关、人民检察院查询应聘者是否具有性侵害、虐待、拐卖、暴力伤害等违法犯罪记录；发现其具有前述行为记录的，不得录用。密切接触未成年人的单位应当每年定期对工作人员是否具有上述违法犯罪记录进行查询。通过查询或者其他方式发现其工作人员具有上述行为的，应当及时解聘。

（20）任何组织或者个人不得隐匿、毁弃、非法删除未成年人的信件、日记、电子邮件或者其他网络通讯内容。除下列情形外，任何组织或者个人不得开拆、查阅未成年人的信件、日记、电子邮件或者其他网络通讯内容：①无民事行为能力未成年人的父母或者其他监护人代未成年人开拆、查阅；②因国家安全或者追查刑事犯罪依法进行检查；③紧急情况下为了保护未成年人本人的人身安全。

知识链接

任何组织或者个人不得组织未成年人进行危害其身心健康的表演等活动。经未成年人的父母或者其他监护人同意，未成年人参与演出、节目制作等活动，活动组织方应当根据国家有关规定，保障未成年人合法权益。

122. 关于未成年人网络保护的规定有哪些?

(1)国家、社会、学校和家庭应当加强未成年人网络素养宣传教育,培养和提高未成年人的网络素养,增强未成年人科学、文明、安全、合理使用网络的意识和能力,保障未成年人在网络空间的合法权益。

(2)国家鼓励和支持有利于未成年人健康成长的网络内容的创作与传播,鼓励和支持专门以未成年人为服务对象、适合未成年人身心健康特点的网络技术、产品、服务的研发、生产和使用。

(3)网信部门及其他有关部门应当加强对未成年人网络保护工作的监督检查,依法惩处利用网络从事危害未成年人身心健康的活动,为未成年人提供安全、健康的网络环境。

(4)网信部门会同公安、文化和旅游、新闻出版、电影、广播电视等部门根据保护不同年龄阶段未成年人的需要,确定可能影响未成年人身心健康网络信息的种类、范围和判断标准。

(5)新闻出版、教育、卫生健康、文化和旅游、网信等部门应当定期开展预防未成年人沉迷网络的宣传教育,监督网络产品和服务提供者履行预防未成年人沉迷网络的义务,指导家庭、学校、社会组织互相配合,采取科学、合理的方式对未成年人沉迷网络进行预防和干预。任何组织或者个人不得以侵害未成年人身心健康的方式对未成年人沉迷网络进行干预。

(6)学校、社区、图书馆、文化馆、青少年宫等场所为未成年人提供的互联网上网服务设施,应当安装未成年人网络保护软件或者采取其他安全保护技术措施。智能终端产品的制造者、销售者应当在产品上安装未成年人网络保护软件,或者以显著方式告知用户未成年人网络保护软件的安装渠道和方法。

(7)学校应当合理使用网络开展教学活动。未经学校允许,未成年学生不得将手机等智能终端产品带入课堂,带入学校的应当统一管理。学校发现未成年学生沉迷网络的,应当及时告知其父母或者其他监护人,共同对未成年学生进行教育和引导,帮助其恢复正常的学习生活。

(8)未成年人的父母或者其他监护人应当提高网络素养,规范自身使用网络的行为,加强对未成年人使用网络行为的引导和监督。未成年人的父母或者其他监护人应当通过在智能终端产品上安装未成年人网络保护软件、选择适合未成年人的服务模式和管理功能等方式,避免未成年人接触危害或者可能影响其身心健康的网络信息,合理安排未成年人使用网络的时间,有效预防未成年人沉迷网络。

(9)信息处理者通过网络处理未成年人个人信息的,应当遵循合法、正当和必要的原则。处理不满十四周岁未成年人个人信息的,应当征得未成年人的父母或者其他监护人同意,但法律、行政法规另有规定的除外。未成年人、父母或者其他监护人要求信息处理者更正、删除未成年人个人信息的,信息处理者应当及时采取措施予以更正、删除,但法律、行政法规另有规定的除外。

(10)网络服务提供者发现未成年人通过网络发布私密信息的,应当及时提示,并采取必要的保护措施。

(11)网络产品和服务提供者不得向未成年人提供诱导其沉迷的产品和服务。网络游戏、网络直播、网络音视频、网络社交等网络服务提供者应当针对未成年人使用其服务设置相应的时间管理、权限管理、消费管理等功能。以未成年人为服务对象的在线教育网络产品和服务,不得插入网络游戏链接,不得推送广告等与教学无关的信息。

(12)网络游戏经依法审批后方可运营。国家建立统一的未成年人网络游戏电子身份认证系统。网络游戏服务提供者应当要求未成年人以真实身份信息注册并登录网络游戏。网络游戏服务提供者应当按照国家有关规定和标准,对游戏产品进行分类,作出适龄提示,并采取技术措施,不得让未成年人接触不适宜的游戏或者游戏功能。网络游戏服务提供者不得在每日二十二时至次日八时向未成年人提供网络游戏服务。

(13)网络直播服务提供者不得为未满十六周岁的未成年人提供网络直播发布者账号注册服务;为年满十六周岁的未成年人提供网络直播发布者账号注册服务时,应当对其身份信息进行认证,并征得其父母或者其他监护人同意。

(14)任何组织或者个人不得通过网络以文字、图片、音视频等形式,对未成年人实施侮辱、诽谤、威胁或者恶意损害形象等网络欺凌行为。遭受网络欺凌的未成年人及其父母或者其他监护人有权通知网络服务提供者采取删除、屏蔽、断开链接等措施。网络服务提供者接到通知后,应当及时采取必要的措施制止网络欺凌行为,防止信息扩散。

(15)网络产品和服务提供者应当建立便捷、合理、有效的投诉和举报渠道,公开投诉、举报方式等信息,及时受理并处理涉及未成年人的投诉、举报。

(16)任何组织或者个人发现网络产品、服务含有危害未成年人身心健康的信息,有权向网络产品和服务提供者或者网信、公安等部门投诉、举报。

(17)网络服务提供者发现用户发布、传播可能影响未成年人身心健康的信息且未作显著提示的,应当作出提示或者通知用户予以提示;未作出提示的,不得传输相关信息。

知识链接

网络服务提供者发现用户发布、传播含有危害未成年人身心健康内容的信息的,应当立即停止传输相关信息,采取删除、屏蔽、断开链接等处置措施,保存有关记录,并向网信、公安等部门报告。网络服务提供者发现用户利用其网络服务对未成年人实施违法犯罪行为的,应当立即停止向该用户提供网络服务,保存有关记录,并向公安机关报告。

123. 关于未成年人政府保护的规定有哪些?

(1)县级以上人民政府承担未成年人保护协调机制具体工作的职能部门应当明确相关内设机构或者专门人员,负责承担未成年人保护工作。

(2)乡镇人民政府和街道办事处应当设立未成年人保护工作站或者指定专门人员,及时办理未成年人相关事务;支持、指导居民委员会、村民委员会设立专人专岗,做好未成年人保护工作。

(3)各级人民政府应当将家庭教育指导服务纳入城乡公共服务体系,开展家庭教育知识宣传,鼓励和支持有关人民团体、企业事业单位、社会组织开展家庭教育指导服务。

(4)各级人民政府应当保障未成年人受教育的权利,并采取措施保障留守未成年人、困境未成年人、残疾未成年人接受义务教育。对尚未完成义务教育的辍学未成年学生,教育行政部门应当责令父母或者其他监护人将其送入学校接受义务教育。

(5)各级人民政府应当发展托育、学前教育事业,办好婴幼儿照护服务机构、幼儿园,支持社会力量依法兴办母婴室、婴幼儿照护服务机构、幼儿园。县级以上地方人民政府及其有关部门应当培养和培训婴幼儿照护服务机构、幼儿园的保教人员,提高其职业道德素质和业务能力。

(6)各级人民政府应当发展职业教育,保障未成年人接受职业教育或者职业技能培训,鼓励和支持人民团体、企业事业单位、社会组织为未成年人提供职业技能培训服务。

(7)各级人民政府应当保障具有接受普通教育能力、能适应校园生活的残疾未成年人就近在普通学校、幼儿园接受教育;保障不具有接受普通教育能力的残疾未成年人在特殊教育学校、幼儿园接受学前教育、义务教育和职业教育。各级人民政府应当保障特殊教育学校、幼儿园的办学、办园条件,鼓励和支持社会力量举办特殊教育学校、幼儿园。

(8)地方人民政府及有关部门应当保障校园安全,监督、指导学校、幼儿园等单位落实校园安全责任,建立突发事件报告、处置和协调机制。

(9)公安机关和其他有关部门应当依法维护校园周边的治安和交通秩序,设置监控设备和交通安全设施,预防和制止侵害未成年人的违法犯罪行为。

(10)地方人民政府应当建立和改善适合未成年人的活动场所和设施,支持公益性未成年人活动场所和设施的建设和运行,鼓励社会力量兴办适合未成年人的活动场所和设施,并加强管理。地方人民政府应当采取措施,鼓励和支持学校在国家法定节假日、休息日及寒暑假期将文化体育设施对未成年人免费或者优惠开放。地方人民政府应当采取措施,防止任何组织或者个人侵占、破坏学校、幼儿园、婴幼儿照护服务机构等未成年人活动场所的场地、房屋和设施。

(11)各级人民政府及其有关部门应当对未成年人进行卫生保健和营养指导,提供卫生保健服务。

(12)各级人民政府及其有关部门对困境未成年人实施分类保障,采取措施满足其生活、教育、安全、医疗康复、住房等方面的基本需要。

(13)具有下列情形之一的,民政部门应当依法对未成年人进行临时监护:①未成年人流浪乞讨或者身份不明,暂时查找不到父母或者其他监护人;②监护人下落不明且无其他人可以担任监护人;③监护人因自身客观原因或者因发生自然灾害、事故灾难、公共卫生事件等突发事件不能履行监护职责,导致未成年人监护缺失;④监护人拒绝或者怠于履行监护职责,导致未成年人处于无人照料的状态;⑤监护人教唆、利用未成年人实施违法犯罪行为,未成年人需要被带离安置;⑥未成年人遭受监护人严重伤害或者面临人身安全威胁,需要被紧急安置;⑦法律规定的其他情形。

(14)对临时监护的未成年人,民政部门可以采取委托亲属抚养、家庭寄养等方式进行安置,也可以交由未成年人救助保护机构或者儿童福利机构进行收留、抚养。临时监护期间,经民政部门评估,监护人重新具备履行监护职责条件的,民政部门可以将未成年人送回监护人抚养。

(15)具有下列情形之一的,民政部门应当依法对未成年人进行长期监护:①查找不到未成年人的父母或者其他监护人;②监护人死亡或者被宣告死亡且无其他人可以担任监护人;③监护人丧失监护能力且无其他人可以担任监护人;④人民法院判决撤销监护人资格并指定由民政部门担任监护人;⑤法律规定的其他情形。

(16)民政部门进行收养评估后,可以依法将其长期监护的未成年人交由符合条件的申请人收养。收养关系成立后,民政部门与未成年人的监护关系终止。

(17)民政部门承担临时监护或者长期监护职责的,财政、教育、卫生健康、公安等部门应当根据各自职责予以配合。县级以上人民政府及其民政部门应当根据需要设立未成年人救助保护机构、儿童福利机构,负责收留、抚养由民政部门监护的未成年人。

(18)县级以上人民政府应当开通全国统一的未成年人保护热线,及时受理、转介侵犯未成年人合法权益的投诉、举报;鼓励和支持人民团体、企业事业单位、社会组织参与建设未成年人保护服务平台、服务热线、服务站点,提供未成年人保护方面的咨询、帮助。

(19)国家建立性侵害、虐待、拐卖、暴力伤害等违法犯罪人员信息查询系统,向密切接触未成年人的单位提供免费查询服务。

(20)地方人民政府应当培育、引导和规范有关社会组织、社会工作者参与未成年人保护工作,开展家庭教育指导服务,为未成年人的心理辅导、康复救助、监护及收养评估等提供专业服务。

知识链接

卫生健康部门应当依法对未成年人的疫苗预防接种进行规范,防治未成年人常见病、多发病,加强传染病防治和监督管理,做好伤害预防和干预,指导和监督学校、幼儿园、婴幼儿照护服务机构开展卫生保健工作。

教育行政部门应当加强未成年人的心理健康教育,建立未成年人心理问题的早期发现和及时干预机制。卫生健康部门应当做好未成年人心理治疗、心理危机干预以及精神障碍早期识别和诊断治疗等工作。

124. 关于未成年人司法保护的规定有哪些?

根据《未成年人保护法》的规定,公安机关、人民检察院、人民法院和司法行政部门应当依法履行职责,保障未成年人合法权益。

(1)公安机关、人民检察院、人民法院和司法行政部门应当确定专门机构或者指定专门人员,负责办理涉及未成年人案件。办理涉及未成年人案件的人员应当经过专门培训,熟悉未成年人身心特点。专门机构或者专门人员中,应当有女性工作人员。公安机关、人民检察院、人民法院和司法行政部门应当对上述机构和人员实行与未成年人保护工作相适应的评价考核标准。

(2)公安机关、人民检察院、人民法院和司法行政部门办理涉及未成年人案件,应当考虑未成年人身心特点和健康成长的需要,使用未成年人能够理解的语言和表达方式,听取未成年人的意见。

(3)公安机关、人民检察院、人民法院、司法行政部门以及其他组织和个人不得披露有关案件中未成年人的姓名、影像、住所、就读学校以及其他可能识别出其身份的信息,但查找失踪、被拐卖未成年人等情形除外。

(4)对需要法律援助或者司法救助的未成年人,法律援助机构或者公安机关、人民检察院、人民法院和司法行政部门应当给予帮助,依法为其提供法律援助或者司法救助。法律援助机构应当指派熟悉未成年人身心特点的律师为未成年人提供法律援助服务。法律援助机构和律师协会应当对办理未成年人法律援助案件的律师进行指导和培训。

(5)人民检察院通过行使检察权,对涉及未成年人的诉讼活动等依法进行监督。

（6）未成年人合法权益受到侵犯，相关组织和个人未代为提起诉讼的，人民检察院可以督促、支持其提起诉讼；涉及公共利益的，人民检察院有权提起公益诉讼。

（7）人民法院审理继承案件，应当依法保护未成年人的继承权和受遗赠权。人民法院审理离婚案件，涉及未成年子女抚养问题的，应当尊重已满八周岁未成年子女的真实意愿，根据双方具体情况，按照最有利于未成年子女的原则依法处理。

（8）未成年人的父母或者其他监护人不依法履行监护职责或者严重侵犯被监护的未成年人合法权益的，人民法院可以根据有关人员或者单位的申请，依法作出人身安全保护令或者撤销监护人资格。被撤销监护人资格的父母或者其他监护人应当依法继续负担抚养费用。

（9）人民法院审理离婚、抚养、收养、监护、探望等案件涉及未成年人的，可以自行或者委托社会组织对未成年人的相关情况进行社会调查。

（10）公安机关、人民检察院、人民法院讯问未成年犯罪嫌疑人、被告人，询问未成年被害人、证人，应当依法通知其法定代理人或者其成年亲属、所在学校的代表等合适成年人到场，并采取适当方式，在适当场所进行，保障未成年人的名誉权、隐私权和其他合法权益。人民法院开庭审理涉及未成年人案件，未成年被害人、证人一般不出庭作证；必须出庭的，应当采取保护其隐私的技术手段和心理干预等保护措施。

（11）公安机关、人民检察院、人民法院应当与其他有关政府部门、人民团体、社会组织互相配合，对遭受性侵害或者暴力伤害的未成年被害人及其家庭实施必要的心理干预、经济救助、法律援助、转学安置等保护措施。

（12）公安机关、人民检察院、人民法院办理未成年人遭受性侵害或者暴力伤害案件，在询问未成年被害人、证人时，应当采取同步录音录像等措施,尽量一次完成;未成年被害人、证人是女性的,应当由女性工作人员进行。

(13)对违法犯罪的未成年人,实行教育、感化、挽救的方针,坚持教育为主、惩罚为辅的原则。对违法犯罪的未成年人依法处罚后,在升学、就业等方面不得歧视。

(14)公安机关、人民检察院、人民法院和司法行政部门发现有关单位未尽到未成年人教育、管理、救助、看护等保护职责的,应当向该单位提出建议。被建议单位应当在一个月内作出书面回复。

(15)公安机关、人民检察院、人民法院和司法行政部门应当结合实际,根据涉及未成年人案件的特点,开展未成年人法治宣传教育工作。

知识链接

国家鼓励和支持社会组织、社会工作者参与涉及未成年人案件中未成年人的心理干预、法律援助、社会调查、社会观护、教育矫治、社区矫正等工作。

参考文献

［1］《中华人民共和国宪法》

［2］《中华人民共和国城市居民委员会组织法》

［3］《中华人民共和国村民委员会组织法》

［4］《中华人民共和国人民调解法》

［5］《信访条例》

［6］《中华人民共和国突发事件应对法》

［7］《中华人民共和国社区矫正法》

［8］《中华人民共和国社区矫正法实施办法》

［9］《中华人民共和国禁毒法》

［10］《吸毒成瘾认定办法》

［11］《中华人民共和国治安管理处罚法》

［12］《中华人民共和国民法典》

［13］《自然灾害救助条例》

［14］《社会救助暂行办法》

［15］《中华人民共和国老年人权益保障法》

［16］《中华人民共和国妇女权益保障法》

［17］《中华人民共和国未成年人保护法》

［18］《未成年人学校保护规定》

［19］《关于加强和改进城市基层党的建设工作的意见》

［20］《关于加强和完善城乡社区治理的意见》

［21］《关于加强和改进城市社区居民委员会建设工作的意见》

［22］《关于深入推进农村社区建设试点工作的指导意见》